KB268555

나는 왜 사소한 일에 화가 날까?

그래서 심리학

나는 왜 사소한 일에 화가 날까?

화내고 돌아서서 자책하는 당신에게

;

문자 하나, 말투 하나에
오늘 하루를 망치고 있다면

문자 하나. 말투 하나. 아무렇지 않게 툭 던져진 한마디에 기분이 급격히 꺾일 때가 있습니다. 그 사람이 내 욕을 하거나, 노골적으로 비난한 것도 아닌데 말이죠. 그런데도 마음이 휙 식어버립니다. 내가 너무 예민한 걸까요?

"○○."

"그냥 너 하고 싶은 대로 해."

"뭐, 그 정도로 그래?"

무심한 말투, 건조한 이모티콘, 빙 돌아 말하는 회피형 말들. 그 모든 게 내 마음에 미세한 틈을 만듭니다. 그리고 그 틈으로 감정이 서서히 스며들죠. 작은 상처를 곱씹느라 하루를 전부 망쳐버릴 때도 있습니다.

기분은 감정의 표면일 뿐입니다. 그 아래엔 말하지 못한 감정들이 숨어 있죠. 혼자 괜히 예민해졌나 싶어 가만히 있어도 자꾸 생각납니다. 마음은 쿡쿡 쑤시는데, 말로 꺼내기엔 너무 사소해서 민망하죠. 그래서 또 참습니다.

'내가 예민한 거지 뭐.'

'그 사람은 그냥 그런 말투니까.'

'내가 유난 떠는 거야.'

자기검열 한 번, 두 번, 세 번. 결국엔 나만 이상한 사람이 되는 서사로 끝나버립니다. 여러분도 그런 적, 있지 않나요?

저는 심리상담가입니다. 상담실엔 남에겐 아무 말도 못하고, 혼자 생각에 시달리다 울컥한 감정을 들고 찾아오는 분이 많습니다. 그들은 종종 이렇게 말합니다.

"사실 별거 아니었어요. 말하다 보니까 좀 유치한 것 같네요…."

"제가 예민해서 그런가 봐요."

그럴 때 저는 이렇게 되묻습니다.

"정말 별일 아니었을까요? 아니면, 별거 아니라는 말을 너무 많이 들어서 그렇게 느낀 걸까요?”

“그 일이 문제였을까요? 계속 누적된 감정이 터져버린 건 아니었을까요?”

감정은 한순간에 만들어지지 않습니다. 감정은 ‘계속 참아온 것들’의 총합이니까요. 우리는 어릴 때부터 이렇게 배워왔습니다.

“화를 내면 이기지 못한 거야.”

“괜찮다고 말해. 그게 어른스러운 거야.”

“네가 좀 더 참으면 관계가 편해지잖아.”

그렇게 ‘화’는 나쁜 감정, 미성숙한 감정, 조절해야 하는 감정이 되어버렸습니다. 하지만 그냥 참으면 될까요? 아니요. 감정은 숨기면 숨길수록 더 큰 소리로 울고, 누르면 누를수록 더 갑작스럽게 터집니다. 화를 참은 채 관계를 유지하다 보면, 더 큰 파열음이 찾아오죠.

작은 일에도 자주 화가 나는 사람은, 스스로를 예민하거나 성격에 문제가 있는 사람이라고 생각합니다. 하지만 ‘화’를 느끼는 것 자체는 잘못이 아닙니다. 오히려 그것은 신호입니다. 무시당한 마음, 참고 또 참은 서운함, 어디에도 표현하지 못한 억울함이 '작은 일'을 핑계 삼아 비로소 밖으로 튀어나온 것이죠.

화가 난다면, 이유가 있습니다. 왜 그 말에 유독 화가 났는지, 왜 말도 안 되는 순간에 폭발했는지, 왜 가장 가까운 사람에게만 감정이 솟구치는지. 그 질문은 모두 당신을 향한 중요한 단서입니다. 그러니 이제 분노 앞에서 자책하기보다 잘 다루는 법을 배우는 쪽으로 마음을 기울여보면 어떨까요? 화내는 당신이 이상한 게 아니라, 오랫동안 말하지 못한 감정이 쌓였을 뿐입니다. 당신이 분노를 표현하는 방식은 어쩌면 서툴렀을지 몰라도, 당신이 느낀 감정 자체는 당신을 지키기 위한 본능이었습니다.

이 책에는 '화를 없애는 법'도, '화를 참는 기술'도 등장하지 않습니다. 하지만 그 감정이 어디서 왔는지, 왜 그렇게까지 반응하게 되는지, 그리고 어떻게 하면 분노에 휘둘리지 않고 나를 지킬 수 있는지, 몇 가지 안전한 길을 함께 찾을 수는 있습니다. 그리고 그 여정을 통해 당신은 분명히 자신을 더 소중히 여기게 될 겁니다. 그 길을 기꺼이 나선 당신에게, 이 책이 좋은 친구가 되어주길 바랍니다.

3장

상처 주는 사람들과 거리 두는 법

♠ 오늘 나를 지치게 한 사람은 누구인가요?

♠ 그 사람은 나의 어떤 감정을 자주 건드리나요?

♠ 그 사람에게 어떤 말을 하고 어떻게 대처하고 싶나요?

4장

분노에 휘둘리지 않고 마음의 중심 잡기

♠ 오늘 나는 내 안의 분노를 어떻게 달래주었나요?

♠ 나에게 해주고 싶은 다정한 말 한마디는 무엇인가요?

♠ 내 화를 더 잘 돌보려면 무엇이 필요한가요?

아무 일도 아닌데
왜 이렇게 화가 날까?

분노는 종종 제일 마지막에 등장합니다.

그 앞에는 실망, 무력감, 억울함, 자책, 피로 같은

말로 표현되지 않은 감정들이 줄지어 앉아 있죠.

그 감정들이 충분히 인정받지 못하면,

분노는 그것들을 대신해 목소리를 냅니다.

"이제 그만 참아!"라고요.

1
참을 만큼 참다가
사소한 일에 터지는 이유

그 일 때문이 아니었어

"선생님, 저 진짜 별것도 아닌 일에 화를 냈어요. 정말 아무것도 아닌데, 너무 화가 나서 저 자신이 무서웠어요."

상담실에 찾아온 은진(가명) 씨는 고개를 푹 숙인 채 말했습니다. 며칠 전, 남자 친구에게서 'ㅇㅋ'라는 짧은 메시지를 받고 갑자기 눈물이 쏟아졌다고 했죠. 그 말투 하나에 가슴이 꽉 막히는 기분이었다고요. 화가 나서 말을 섞기도 싫었고, 그 자리에서 핸드폰을 던져버리고 싶었다고 했습니다. 저는 그 순간, 궁금했습니다.

"혹시 그날, 다른 일은 없었나요?"

그녀는 잠시 멈칫하더니, 천천히 말을 꺼냈습니다.

"아침에 지하철에서 어떤 남자가 밀고 들어왔는데, 어깨를 세게 부딪혔어요. 사과도 안 하더라고요."

은진 씨는 그날이 지독하게 운수 나쁜 날이라고 했습니다. 회사에선 동료 일까지 떠맡았고, 상사는 그녀의 아이디어를 자기가 낸 것처럼 회의에서 발표했죠. 엄마는 전화해서 또 결혼은 언제 하냐고 다그치는 일까지 있었습니다. 화를 억누르기 힘들어 그녀는 다이어트 중인데도 저녁으로 떡볶이를 먹었습니다. 그리고 남자 친구와 문자를 주고받은 겁니다.

은진 씨의 이야기를 듣다 보면, 우리가 화낸 '그 순간'은 사실 마지막 장면일 뿐이라는 걸 알게 됩니다. 그녀의 화는 'ㅇㅋ'라는 문자 하나 때문이 아니었어요. 이미 하루 종일, 아니 어쩌면 며칠 동안 조용히 참고 억누르며 살아온 거예요. 그러다 가장 마지막에, 가장 사소해 보이는 자극에 결국 감정이 넘쳐버린 거죠.

분노는 종종 제일 마지막에 등장합니다. 그 앞에는 실망, 무력감, 억울함, 자책, 피로 같은 말로 표현되지 않은 감정들이 줄지어 앉아 있죠. 그 감정들이 충분히 인정받지 못하면, 분노는 그것들을 대신해 목소리를 냅니다. "이제 그만 참아!"라고요.

그래서 때로는 내가 터뜨린 화를 돌이켜보며 '왜 이 정도 일에 이렇게까지 반응했을까?', '내가 너무 예민한가?' 하고 자책하게 됩니다. 그런데 그 감정을 조금만 더 깊이 들여다보면, 그 일이 아니라 그 전의 많은 일이 이미 마음을 아프게 했다는 것을 알 수 있습니다. 분노는 내가 나를 너무 오래 외면했을 때, 마침내 스스로를 드러내는 감정입니다. 다른 감정들이 무시당했을 때, 가장 강한 목소리로 "이제 됐어!"라고 말하는 거죠. 그러니 그 순간, "그 일 때문이 아니었구나"라고 조용히 마음속으로 말해보세요. 내 화는 그렇게 오래전부터 나에게 말을 걸고 있었으니까요.

괜찮은 사람으로 보이고 싶은 마음

"저는 원래 잘 안 싸우는 성격이에요. 웬만하면 참아요. 그런데 참다 보면 어느 순간, 제가 아닌 것처럼 폭발해요."

이런 이야기를 하는 분은 대부분 '분노 조절에 실패한 사람'이라기보다, '감정을 지나치게 잘 눌러온 사람'이 많습니다. 평소에는 다정하고, 이해심도 깊고, 똑 부러지게 일도 잘하죠. 분노라는 단어가 어울리지 않는 사람처럼 보입니다.

하지만 그 '다 괜찮은 사람'의 모습이 오래 지속될수록 어느 날 갑자기, 전혀 예상치 못한 타이밍에 큰 감정이 터져 나옵니다. 왜일까요? '좋은 사람'으로 보이려는 마음이 강할수록, 감정의 크기는 겉으로 잘 드러나지 않습니다. 속에서는 엄청 화가 나는데도, '이 정도는 참을 수 있어야지', '내가 너무 예민한가?' 하며 스스로를 달래고 묻어두는 거죠.

하지만 그건 참는 게 아니라 쌓는 겁니다. 표현되지 않은 감정은 사라지지 않으니까요. 감정은 방향을 잃으면 안으로 굽습니다. 바깥으로 흘러 나가지 못한 분노는 결국 내 안에 차곡차곡 쌓여서, 어느 순간 내가 제일 미워졌다고 말하는 분도 있습니다. 어떤 내담자분은 이렇게 말했어요.

"저는 착한 사람이라고 생각했는데, 저도 모르게 막말을 하고 있는 제 모습에 깜짝 놀랐어요. 너무 미안했어요. 그런데 한편으론, 그 말이 진심이기도 했거든요."

맞습니다. 그 말은 순간의 폭발이 아니라, 오래된 억눌림의 정직한 목소리였을 수도 있어요. 다만 그동안 표현하지 못했을 뿐이죠. 우리는 '괜찮은 사람'이 되기 위해 너무 오랫동안 자신의 감정을 미루고, 무시하고, 참는 법만 배워왔습니다. 그러다 보면 분노는 가장 늦게 도착하는 감정이 됩니다. 눈에 보이지 않던 감정이 어느 날 갑자기 얼굴을 바꿔 나타나는 거죠.

화를 내고 나면 자신이 나쁜 사람처럼 느껴지기도 합니다. 하지만 화를 내는 내가 '나쁜 사람'이 아니라, 화를 계속 참아야만 좋은 사람이라는 믿음이 나를 괴롭히는 겁니다.

감정은 본래 옳고 그름이 없습니다. 다만 그것을 표현하는 방식이 있을 뿐이죠. 그리고 그 방식은 얼마든지 연습으로 바꿀 수 있어요. 하지만 그 전에, 먼저 스스로에게 이렇게 물어봐야 합니다.

"나는 왜 이토록 오랫동안 참아야 한다고 믿었을까?"

그 질문에서부터 나를 위한 감정 연습이 시작됩니다.

내 감정을 무시한 대가

우리는 화가 날 일이 있어도 참을 때가 많습니다. 서운한 말이 마음에 걸려도 넘기죠. 억울한 상황에 놓여도 나보다 상대의 입장을 먼저 생각합니다. '그냥 내가 이해하면 되지', '말해봤자 뭐가 달라지겠어'라고 생각하며 하루를 넘기고, 또 하루를 견딥니다. 스스로를 합리화하는 데 무척이나 익숙해져 있지요.

그런데 어느 날 문득, 아무 일도 없는 평범한 하루에 갑자기 모든 게 버거워질 때가 찾아옵니다. 사람 말투 하나에도 상처받고, 늘 마시던 커피 맛에도 짜증이 나고, 세상 모든 것이 나를 무시하는 것처럼 느껴지죠.

이상하지 않나요? 분명 별일은 없었는데, 마음은 이유 없이 무겁습니다. 사실은 이유가 있었던 거예요. 단지 그 이유를 계속 모른 척했을 뿐이죠. 감정은 지우개처럼 지워지지 않습니다. 말하지 않은 불편함, 넘긴 슬픔, 억눌러버린 분노는 그대로 마음속에 침전되어 있다가, 아무런 예고 없이 올라옵니다.

그리고 그 감정은 가장 안전한 사람, 혹은 아무 상관도 없는 사람에게 향합니다. 나를 아끼는 사람에게, 아무 말 없이 나를 지나친 낯선 사람에게 무방비한 상태로 감정이 터지는 걸 저도 여러 번 보았습니다. 그건 감정이 잘못된 게 아니라, 표현해야 하는 기회를 너무 오래 박탈당했기 때문입니다. 어쩌면 그 박탈은 타인이 아니라, 나 자신에게서 왔을지도 모르겠어요. '이 정도는 참아야지', '이걸로 상처받는 내가 이상한 거야'라고 자기 감정을 깎아내리며 살아온 시간이 분노로 전환되는 겁니다. 스스로에게 이렇게 말해본 적 있으신가요?

"그땐 정말 괜찮았다고 생각했는데, 돌이켜보니 참 많이 아팠다."

그 말 안에 진실이 있습니다. 우리는 그 순간보다 훨씬 나중에야 감정의 무게를 비로소 실감하게 됩니다. 그때 하지 못한 말들이, 미처 표현하지 못한 감정들이 어느 날 몰려와 한꺼번에 울고 싶게 만들죠. 분노는 그런 방식으로 자신을 드러냅니다.

내 감정을 무시한 대가는 분노라는 이름의 뒤늦은 반격일 수 있어요. 조용히 쌓이고, 들키지 않게 차오르다 가장 뜻밖의 방식으로 자신을 알립니다. '이 정도쯤이야'라고 넘긴 순간에, 그 '정도'가 쌓이면 결국 나를 무너뜨릴 수 있다는 걸

기억해주세요. 감정은 제때 알아주고, 말해주고, 돌보아야
하는 살아 있는 신호입니다. 그 신호를 너무 오랫동안 꺼두
지 않기를 바랍니다.

2

괜찮은 척할수록
쌓이는 분노

좋은 사람인 척하다 결국엔 화를 폭발시키는 사람이 된다

"저는 감정 표현이 잘 안 돼요. 화를 내고 싶은데, 입이 안 떨어져요. 그냥 웃게 돼요."

저녁 늦게 지친 표정으로 상담실에 들어선 서연(가명) 씨는 이 말을 하면서 웃었습니다. 서연 씨의 미소를 보면서 마음 한쪽이 아렸습니다. '그 웃음이 얼마나 외로운지' 알 수 있었으니까요. 억지로 괜찮은 척하는 표정, 상황을 넘기려는 농담, 속에서는 끓고 있는데 겉으론 아무렇지 않은 척하느라 얼마나 애를 쓰면서 살았을까요.

서연 씨가 화를 못 내는 사람이 된 건 감정이 없어서가 아니라, 감정을 숨기며 살아온 습관 때문입니다. 특히 여성 분 중에는 어릴 때부터 이런 말을 듣고 자란 분이 많습니다.

"예쁜 얼굴에 그런 표정 짓지 마."

"화를 내면 밉상처럼 보여."

"참아야지, 그게 어른이지."

감정을 다스리는 법을 배운 게 아니라, 감정을 감추는 법 부터 배운 거죠. 그러다 보니 누군가에게 상처를 받아도 "괜 찮아요, 그럴 수도 있죠"라고 먼저 말하게 되고, 속이 상하 면서도 "에이, 뭐 그럴 수도 있지"라고 자기 감정을 눌러버립 니다.

감정은 흐르지 않으면 쌓이는 성질을 가졌습니다. 한번 무시된 감정은 그 자리에서 멈춰버리죠. 그리고 그 위에 새 로운 감정이 쌓이면 무게를 갖게 됩니다. 누적된 감정은 결 국, 어느 순간 몸이나 관계, 말투의 형태로 드러나기 시작하 죠. 감정을 숨기는 사람들은 흔히 이렇게 말해요.

"그때는 진짜 괜찮았다고 생각했는데, 며칠 지나고 나니 까 계속 생각나요."

"계속 곱씹게 되고, 괜히 다른 데서 짜증을 내게 돼요."

그건 아직 끝나지 않은 감정이라서 그렇습니다. 그 감정은 묻힌 게 아니라, 지금도 말하고 싶은데 기회를 얻지 못한 감정이죠. 화가 날 땐 화가 난다고 말해도 됩니다. 실망했을 땐 그 실망을 표현해도 괜찮아요. 감정을 표현하는 건 나약한 게 아니에요. 오히려 내 마음을 존중하는 방식이고, 나를 돌보는 태도입니다.

우리는 늘 '좋은 사람'이 되기 위해 애쓰지만, 그 '좋음' 속에 내 감정을 자꾸만 밀어 넣는다면, 좋은 사람인 척하다가 결국엔 화를 폭발시키는 사람이 될 확률이 높습니다. 겉으로는 괜찮은 얼굴을 하고 있지만, 속에서는 점점 억울함과 피로가 쌓여가거든요. 그러다 문득, '나는 왜 늘 손해 보는 쪽이지?'라는 생각이 들면 이미 마음의 빨간불이 켜진 거예요. 남에게 착한 사람이 되기보다, 나에게 정직한 사람이 되는 것이 건강한 시작입니다.

말하지 않으면 아무도 모른다

"그 사람은 당연히 알 거라 생각했어요. 제가 속상해하는 걸 눈치챘을 줄 알았죠. 그런데 전혀 모르더라고요."

생각보다 이런 말을 하는 분이 많습니다. 가만히 듣고 있으면 안타까워집니다. 왜냐하면 상대가 알아채지 못한 게 당연하니까요. 말하지 않으면 모릅니다. 우리는 생각보다 둔한 존재이고, 특히 관계 안에서는 말하지 않은 감정을 제대로 알아채는 일이 거의 불가능해요. 가까운 사이라고 해서 예외는 아닙니다. 오히려 가까운 관계일수록 '말하지 않아도 알겠지'라는 착각이 더 깊어지죠.

그러나 표현하지 않은 감정은 대개 '없던 일'로 처리됩니다. 그리고 그 자리에 쌓이는 건 실망과 오해죠. 나 혼자 서운해하고, 나 혼자 상처받고, 그러면서 겉으론 여전히 '괜찮아, 괜찮아'라고만 합니다. 이건 절대 건강한 게 아닙니다. 계속 그렇게 넘어가다 보면 무엇이 남을까요? 좋은 관계가 남진 않습니다. 싸우는 게 싫어서 말을 안 했는데, 어느 순간 그 사람 얼굴만 봐도 짜증이 나는 상태가 되죠.

말하지 않은 감정은 다른 방식으로 드러납니다. 말투가 날카로워지거나, 표정이 굳거나, 이유 없이 피하게 되거나, 결국엔 관계를 망치는 방향으로 흘러가죠. 사람들은 이런 내면을 눈치채지 못하고 무심코 이런 말을 합니다.

"왜 이렇게 별일도 아닌 걸로 예민하게 굴어?"

"너 요즘 왜 그래?"

그러면 우리는 또 상처를 받습니다. 말하지 않은 나, 모른 체하는 그 사람, 그 둘 사이에 점점 감정의 골이 깊어질 뿐입니다. 이럴 땐 어떻게 하는 게 좋을까요? 또 한 번 참아야 할까요?

아니요, 자신에게 솔직해져야 합니다. 내가 화가 났다는 사실보다, 화났다는 걸 말하지 못하고 삼킨 나 자신이 더 아팠다는 걸 알아야 해요. 감정을 표현한다는 건 결국, '나는 이 관계를 소중히 여긴다'는 메시지를 건네는 일이기도 해요.

내가 불편하다는 말을 꺼낼 수 없는 관계는, 싸우지 않는 관계가 아니라 깊어질 수 없는 관계입니다. 그러니 너무 늦기 전에, 마음속에 감정이 켜졌다는 신호를 알아채고 그 불빛이 꺼지기 전에 작은 말 한마디라도 건네보세요.

"사실, 그 말이 좀 서운했어."

이 한마디 말이 관계를 구할 수도 있으니까요.

내가 분노를 돌보지 않으면 분노가 나를 지배한다

우리 마음도 몸처럼 지칩니다. 마음이 지치기 시작하면 먼저 드러나는 건 분노입니다. 짜증이 잦아지고, 말투가 날카로워지고, 사소한 일에도 욱하게 되죠. 이런 말을 할 때 있지 않나요?

"요즘 내가 왜 이러는지 모르겠어요."

자기 마음을 돌보지 못한 채 너무 오래 달려오면, 자신도 모르게 이런 말을 하게 됩니다. 감정은 혼자 견디는 시간이 길어질수록 왜곡되기 쉽습니다. 슬픔은 외로움이 되고, 외로움은 분노로 바뀝니다. 불안은 통제 욕구가 되고, 그 욕구는 타인에 대한 비난으로 드러나죠. 그 모든 감정의 바탕에는 '나도 좀 돌봄 받고 싶다'라는 말하지 못한 바람이 숨어 있습니다.

하지만 문제는 타인에게 돌봄을 기대하지 않는 사람이 오히려 자기 자신에게도 돌봄을 주지 않는다는 것이에요. '이 정도쯤이야', '다들 이렇게 살잖아', '이 정도는 감수해야지' 하며 스스로를 몰아붙이죠. 그럴수록 마음의 여유는 점점 줄어듭니다. 성희(가명) 씨도 그런 사례였습니다. 직장에서

번 아웃을 느끼고 퇴사를 고민하던 그녀는 상담에 온 첫날 이렇게 말했습니다.

"어느 날 너무 지쳐서 눈물이 났어요. 예전엔 지치고 힘든 누가 날 안아주면 좋겠다고 생각했는데, 그날은 아무도 생각이 안 났어요. 그냥 울다가 화가 막 났어요. 나라도 날 챙겨야 하는데 그러지 못해서 속상했어요."

'나라도 날 챙겨야 한다'라는 말이 참 오래 남았습니다. 결국 마음을 돌보는 일은, 가장 가까운 나 자신부터 시작해야 한다는 뜻이니까요.

분노는 이상한 방식으로 나를 대신 돌봐주는 감정입니다. 아무도 나를 지켜주지 않을 때, 나조차도 내 편이 되어주지 않을 때, '나 힘들어!'라고 소리칩니다. 그러니 화가 날 땐 내가 나를 어떻게 돌보고 있는지 살펴봐주세요. 지금 나는 어떤 돌봄이 필요할까요? 잠을 못 자서 그런 걸까요? 혼자서 너무 오래 감정을 삼켜서 그런 걸까요? 누구한테도 위로받지 못해서 그런 걸까요?

마음은 돌봄 없이는 견디기 어려운 존재입니다. 화가 났다는 건, 지금 내 안에 누군가의 손길이 필요하다는 표시예요. 그 손길을 타인에게 기대하기 전에, 내가 나를 먼저 어루만져준다면 분노는 더 이상 '왁왁'거리며 목소리를 높이지 않을 겁니다.

$$3$$

남에게 좋은 사람,
나에겐 나쁜 사람

착한 나를 앞세우면 진짜 감정이 뒤로 밀린다

누군가에게 미움받는 일은 괴로운 일입니다. 그래서 우리는 '착한 사람'이 되려고 노력하죠. 타인에게 친절하고 배려하는 태도를 갖는 건 물론 필요한 일입니다.

그러나 자신의 감정을 속이면서까지 지나치게 과도하면 문제가 생깁니다. 영진(가명) 씨는 갈등이 생기면 늘 먼저 사과했고, 무례한 말에도 기분 나쁜 티를 내지 않았으며, 언제나 '괜찮은 사람'이라는 인상을 주기 위해 애를 썼습니다. 하지만 그 노력 끝에 남은 건, 사람들과 가까워질수록 이상하게 기운이 빠지는 자신이었죠.

"관계를 맺을수록 피로해지고, 말도 점점 줄어요."

이런 피로는 흔히 '정서적 초과근무'에서 비롯됩니다. 상대가 느낄 감정을 먼저 짊어지고, 상대의 기분이 풀릴 때까지 조심스레 맞춰주는 삶. 그 안에서 자신의 감정은 차례를 영영 기다리게 돼요.

그런 사람들은 대개 '배려'와 '순응'을 혼동합니다. 배려는 내 감정을 포함한 조율이지만, 순응은 나를 생략한 채 상대에게 맞추는 겁니다. 그리고 오래된 순응은 자기도 모르게 자기 감각을 무디게 만들죠. 기분이 어떤지, 왜 싫은지 설명하기 어려워져요. 자신이 화가 났다는 사실조차 뒤늦게 깨닫게 됩니다.

어느 순간부터 타인을 향한 친절이 나를 향한 무관심이 되었다면, 그건 내가 '좋아 보이려는 역할'에 너무 오래 머물렀다는 겁니다. '착한 사람'이라는 이미지를 유지하려고 애쓸수록, 나는 나와 더 멀어집니다. 자신의 마음을 들여다보지 않으면, 내가 무엇을 좋아하고 무엇이 싫은지도 흐릿해지죠.

남에게 '좋게 보이기'보다 먼저 나는 나에게 어떤 사람인지 생각해봐야 합니다. 늘 양보하고, 이해하고, 맞춰주는 역할만 해왔다면 그 안에서 상처 입은 내가 조용히 손을 들고 있을지도 모르니까요. 오래 참은 끝에 터지는 분노는 내가 자리를 내주지 못한 슬픔의 다른 이름입니다.

깊은 슬픔은 종종 분노의 가면을 쓰고 찾아옵니다. 분노의 가면을 벗고 슬픔에 자리를 내줘야 합니다. '그땐 속상했어', '사실은 많이 외로웠어' 등 말하지 못한 감정들을 조용히 입에 담아보는 것부터 시작해도 좋습니다. 누군가에게 이해받지 않아도 괜찮아요. 내가 먼저 나의 마음을 들어주는 것, 그것만으로도 오래 억눌린 감정은 조금씩 진정되니까요.

거절을 못 하는 이유는 착해서가 아니다

"싫다는 말을 못 하겠어요. 거절하면 그 사람이 실망할까 봐, 저를 나쁜 사람으로 볼까 봐 겁이 나요."

이런 이야기를 듣고 있으면, 그 사람은 남에게 잘해주고 싶어서가 아니라, 거절한 뒤에 벌어질 감정을 감당할 자신이 없다고 느껴집니다. 우리는 흔히 거절을 못 하는 사람을 '착한 사람'이라고 부릅니다. 하지만 거절을 못 한다는 건, 꼭 착해서만은 아니에요. 대부분은 관계의 불편함에 대한 공포, 그리고 '불편한 나'를 바라볼 타인의 시선에 대한 두려움 때문이죠.

내가 어떤 말을 하면 상대가 상처받을까 봐, 부정적인 감정이 생길까 봐, 괜히 멀어질까 봐, 모든 책임을 자기 쪽으로만 돌리는 관계의 방식은 겉으로는 평화롭게 보일지 몰라도, 속에서는 서서히 분노와 억울함이 차오르게 만듭니다.

거절을 못 해 떠맡게 된 일, 싫다고 말하지 못해 감내한 상황, 모른 척한 불편함이 쌓이면 어느 순간부터 그 관계는 '의무'로만 남게 돼요. 처음엔 좋아서 한 일도, '왜 나만 이걸 해야 하지?'라는 마음이 들기 시작하죠.

그때부터 사람은 타인에게 고마움을 주고, 자신에게는 분노를 남깁니다. 말은 안 했지만, 기대는 했고요. 표현은 안 했지만, 상상 속에서 상대가 내 마음을 알아주길 바랐죠. 그 기대가 무너지면 마음속에서 나도 모르게 말이 튀어나옵니다.

"어차피 다들 내 마음은 몰라."

관계가 상처가 되는 건, 그 관계 속에서 내가 너무 많은 걸 참았기 때문이에요. '나'는 없고 '상대의 감정'만 배려한 시간이 결국 감정의 균형을 무너뜨리는 거죠. 그럼에도 우리는 쉽게 생각합니다.

'내가 너무 유난스러운가?'

'이 정도는 참아야지. 나보다 더한 사람도 많은데.'

하지만 '이 정도'라는 기준은 자기를 지우는 위험한 잣대일 수 있습니다. 그 잣대가 매번 타인을 기준으로 삼을 때, 결국 나는 내 감정의 주인이 아니라 수습하는 사람이 되고 맙니다.

진짜 건강한 관계는 거절한다고 망가지지 않습니다. 오히려 "나는 이건 어렵다"라고 말할 수 있는 관계가 더 오래갑니다. "싫어요"라는 말은 관계를 끊자는 말이 아니라, 우리의 관계가 소중하기에 거절을 통해 '당신'을 지키고 '나'를 보호하겠다는 다짐입니다.

사소한 일에 욱한다면, 자신에게 친절해져야 할 때

눈치는 많이 보는데, 정작 제 기분은 잘 모르겠다는 분이 있습니다. 타인을 지나치게 배려하다가, 자기 감정의 자리 자체를 잃어버린 것이죠. 상대방이 불편해할까 봐 내 속상함을 삼키고, 분위기를 망칠까 봐 농담처럼 말끝을 흐리고, 다들 힘든데 나만 힘든 척하는 건 아닐까 싶어 슬픔도 죄책감처럼 꺼내놓지 못합니다.

그렇게 시간이 흐르면 '무엇이 좋은지'보다는 '무엇이 나쁘지 않은지'를 먼저 생각하게 됩니다. 기쁨보다 피로에 익숙해지고, 원함보다 참음에 더 능숙해지고, 그러다 결국 내 감정은 '없어도 되는 것'처럼 취급되죠. 나를 가장 무심히 대하는 사람이 타인이 아니라 바로 나 자신일 때, 마음은 조용히 닫히기 시작합니다.

외롭다는 감각도 무뎌지고, 억울하다는 느낌도 묻혀버리죠. 그리고 감정은 이상한 방식으로 되살아납니다. 사소한 일에도 욱하게 되고, 별말 아닌데 눈물이 날 것 같고, 누가 괜찮냐고 물어보기만 해도 울컥하고요. 그러곤 이런 말을 합니다.

"다들 저한테는 좋은 사람이라고 해요. 그런데 저는 저한테 한 번도 따뜻한 적이 없는 것 같아요."

자신에게조차 무관심한 사람은, 나중에 관계가 무너질 때 자신만 탓하기도 합니다.

"사람들이 나를 좋아해주는 만큼, 나는 나를 좋아하고 있는가?"

이 질문은 너무 단순하지만 아주 중요한 말입니다. 작은 일에 화를 잘 내는 사람은 자신을 충분히 좋아한다는 게 무엇인지 잘 모르는 경우가 많습니다. 화를 덜 내고 싶나요? 사람들에게 잘 보이는 내가 아니라, 내 마음이 괜찮은 내가 되는 것, 자신에게 친절하게 대하는 것을 연습해보세요. 하루 딱 5분만 해도 됩니다.

오늘 하루 중 내가 억지로 웃은 순간을 떠올려보세요. 그때 내가 정말 하고 싶어 한 말은 무엇이었는지 글로 써봅니다. 하루에 한 번, 내 기분을 묻는 시간을 정해보세요.

"지금 나는 어떤 감정을 느끼고 있지?"

이 질문을 스쳐 지나가지 말고, 1분이라도 멈춰서 느껴보는 거예요. '이 정도는 참을 수 있어'라는 생각이 떠오를 때마다 마음속으로 이렇게 바꿔 말해보세요.

"나는 내 감정을 무시하지 않을 거야."

자꾸만 나 자신을 몰아세우는 말이 떠오른다면, 그 말 대신 친구에게 하듯 다정하게 말해보세요.

"그럴 수도 있지, 너 정말 많이 애썼구나."

하루의 끝에서, 오늘 나를 가장 지치게 한 장면 하나를 떠올리고 그 순간의 나에게 이렇게 말해주세요.

"네가 그런 감정을 느낀 건 아주 자연스러운 일이야."

이런 사소한 연습을 반복하세요. '사람들에게 좋은 사람'이 되지 않아도 '나에게 좋은 사람'이 되는 법을 자연스럽게 익히면, 마음속에서부터 천천히 분노가 줄어들 겁니다.

4

예민한 게 아니라
지친 거였어

예민하다는 말이 상처가 되는 사람들

"너 왜 그렇게 예민해?"

이 말이 칭찬처럼 들리진 않을 겁니다. 마치 내가 문제인 듯, 내가 지나치게 복잡한 사람인 듯, 말끝에 붙는 '예민해'라는 단어는 종종 비난처럼 느껴지죠. 상담실에서도 이 말을 곱씹는 분이 많습니다.

"제가 예민해서 너무 복잡하게 느끼는 걸까요?"

그 질문에는 스스로를 향한 조심스러움과, 오래도록 들어온 '예민하다는 낙인'에 대한 내면의 갈등이 숨어 있습니다. 그러나 예민함 자체는 결함이 아닙니다. 오히려 능력에 가깝습니다. 감각이 빠르고 섬세하다는 뜻이고, 상황의 미묘한 변화나 사람의 말투, 표정, 분위기 같은 걸 다른 사람보다 조금 더 빠르게 감지하죠.

문제는 그 예민함을 존중해주는 환경이 드물다는 데 있어요. 감정에 민감한 사람은 종종 이런 상황에 놓입니다. '분위기 이상한데…'라고 느꼈지만 다른 사람들은 아무렇지 않게 웃고 있을 때. '지금 저 사람 기분 상했어'라고 느꼈지만 그걸 말하면 괜히 나만 유난스럽게 보일까 봐 입을 다물 때. 그렇게 예민함은 '말하지 않는 게 낫겠다'라는 학습과 함께 감정 표현을 줄이고, 자기 검열을 늘리는 방향으로 굳어집니다. 그리고 오랜 시간 그렇게 살아온 사람은 어느 순간부터 '내가 이걸 괜히 예민하게 받아들이나?' 하고 자신을 의심합니다.

그 의심은 타인과 갈등하지 않기 위해 만든 방어기제지만, 결국 자기 감정을 해석할 수 없게 합니다. 그리고 해석되지 못한 감정은, 분노라는 이름으로 뒤늦게 되돌아옵니다. 감정을 표현해봤자 돌아오는 건 무시나 비난이고, 도움을 요청했을 때 "그 정도는 누구나 겪어"라는 말을 들은 경험이 반복되었다면, 우리는 점점 느끼는 걸 줄이고, 표현하는 걸 꺼리게 됩니다.

그렇게 감정을 '줄여서 살아가는 법'만 배우면, 감정은 점점 기다리다 지쳐 터지는 방향으로 움직입니다. 예민함은 그 첫 번째 신호일 뿐이고요. 사소한 말 한마디에도 상처받는 내가 싫고 왜 이렇게 크게 반응하는지 스스로도 당황스러울 때, 그건 내가 너무 민감해서가 아니라 너무 오랫동안 외면당했기 때문일 수도 있습니다.

감정을 빨리 감지하는 사람의 피로

누군가의 말투가 평소와 다르면 가장 먼저 눈치채는 사람, 분위기가 살짝 어색해지면 그 원인을 스스로 찾고 책임지는 사람, 갈등의 기운이 떠오르면 먼저 사과하고 관계를 정리하는 사람. 이런 사람은 종종 이렇게 말합니다.

"그냥 제가 먼저 반응해요. 안 그러면 불안하거든요."

감정을 빨리 감지하는 사람은 타인의 감정 신호에 민감하게 반응합니다. 그 민감성은 공감 능력일 수 있고, 생존 전략일 수도 있어요. 문제는 이 감정 감지 능력이 항상 작동

중이라는 데 있습니다. 상대가 지금 기분이 좋은지 나쁜지, 말 한마디에 숨은 뜻은 뭔지, 표정이 굳은 이유가 혹시 나 때문인지 끊임없이 해석하고 대비하고 추측하느라, 그 사람의 하루는 타인을 위한 정서적 감시 근무에 가까워집니다.

이런 피로는 겉으로는 잘 드러나지 않습니다. 겉으론 늘 괜찮은 척, 반응 빠른 사람처럼 보이지만, 속으로는 혼자 모든 감정의 흐름을 책임진다는 무게감에 눌려 있죠. 더 큰 문제는 이 민감성이 자기감정에 대한 불신으로 이어진다는 점입니다.

'다들 아무렇지 않은데, 나만 신경 쓰는 건 유난인가?'

이렇게 자꾸 자기 반응을 의심하게 되면, 결국엔 자기 감정에 대한 해석권을 외부에 넘기게 됩니다. 감정을 빨리 감지하는 사람일수록, 감정을 늦게 돌보게 되는 아이러니를 갖게 되는 셈입니다. 그건 마음이 자기를 향하지 못한 채, 늘 타인을 향해 켜져 있는 상태로 살아왔기 때문이에요. 그럴수록 필요한 건 민감함을 없애는 훈련이 아니라, 그 민감함의 방향을 자신에게 돌리는 연습입니다.

타인의 표정을 읽기 전에, 내 얼굴이 오늘 어떤지 살펴보세요. 상대의 말투를 해석하기 전에, 내 마음이 지금 어떤지 들여다보세요. 감정 감지의 안테나를 '밖'이 아니라 '안'으로 돌릴 때, 우리는 더 이상 피로에 휘둘리지 않게 됩니다.

민감함은 결코 약점이 아닙니다. 단지 너무 오래 외부만 바라보게 길들여졌을 뿐입니다. 이제 그 감각을 나에게 되돌려주어야 할 때입니다. 예민해서 화가 난다면, 자신에게 부드럽게 집중하라는 신호입니다.

덜 민감해지려고 하지 말고 더 회복해야 한다

'왜 별것도 아닌 일에 이렇게까지 예민하게 굴었을까? 다시 생각해보면, 그 말이 그렇게 상처를 주지는 않았는데….'

분노로 터지고 나서야 후회하게 되는 순간이 있죠. 하지만 그 반응은 감정의 과잉이라기보다, 에너지의 고갈 때문일 수 있어요. 반복해서 같은 감정 반응이 나오는 사람의 공통점은 생각보다 단순합니다. 피로가 만성화되었다는 것. 말수가 줄고, 대화가 귀찮고, 평소엔 넘길 말에도 유독 상처받는 날이 있다면 감정이 무너진 게 아니라, 감정을 지탱할 체력이 고갈된 상태일 가능성이 큽니다.

우리는 종종 감정을 성격 문제로 오해합니다. 하지만 예민함이 늘어난다는 건, 대체로 '지금 나에게 감당할 여유가 없다'라는 신호에 가깝습니다. 예민해서 그런 게 아니라, 지쳐서 그런 거예요. 상대가 특별히 나쁘지 않았고, 상황이 대단히 자극적이지 않아도 나의 에너지가 바닥나 있다면 감정 반응은 짧고 예민하게 튀어나오게 되어 있습니다.

그러니 감정을 억누르거나 분석하기에 앞서 먼저 내 컨디션을 돌아보는 일이 필요합니다. 잠은 충분히 잤는지, 식사는 거르지 않았는지, 대화 없이 혼자만의 시간을 보낸 지 얼마나 됐는지. 이 단순한 체크리스트가 감정 반응보다 앞서야 합니다. 감정은 마음의 상태가 아니라, 몸의 상태와 연결된 반응이기도 하니까요.

예민함을 없애려 하지 마세요. 그건 고쳐야 할 결함이 아니라, 내가 쉬지 못했다는 신호, 회복이 필요하다는 알람일 수 있습니다. 그 감각은 무시당할수록 더 날카로워지고, 존중받을수록 조금씩 가라앉습니다. 그래서 필요한 건, 민감함을 줄이려 애쓰기보다 나만의 회복 루틴을 설계하는 일입니다.

내가 유난히 예민해지는 시간대는 언제인지, 자주 피로감을 느끼는 패턴은 어떤 상황에서 반복되는지, 그런 걸 스스로 파악해두는 것부터 시작해보세요. 누군가에겐 혼자 조용히 걷는 시간이, 누군가에겐 따뜻한 차 한잔이, 또 다른 누군가에겐 아무 말도 없이 눈을 감는 10분이 감정의 무게를 조용히 덜어내주는 회복 장치가 될 수 있어요. 예민함은 없애는 게 아니라, 도와야 하는 감각입니다. 분노에 덜 휘둘리고 싶을 때 필요한 건 '덜 예민해지는 법'이 아니라 '나를 다시 온전히 회복하는 법'입니다.

5

순간의 문제 같지만
사실은 오래된 이야기

지금 화가 난 이유는 지금 일이 아니다

"사실은 알겠어요. 그 사람이 의도적으로 그런 게 아니었다는 걸. 그런데 가슴이 너무 답답했어요. 화가 나서 참을 수가 없었어요. 그 순간만큼은 멈출 수가 없었어요."

영훈(가명) 씨의 말투는 담담했지만, 눈가엔 오래된 억울함 같은 감정이 떠 있었습니다. 상담을 하다 보면, "지금 일이 아니라는 걸 나도 알아요"라는 고백을 자주 듣습니다. 그럴 때마다 감정은 지금 일어난다고 생각하기 쉽지만, 그 감정의 진짜 시작점은 과거의 어딘가에 있다는 사실을 마주하게 됩니다. 말하자면 현재의 감정은 촉발 지점일 뿐이고 실제로 움직이는 건 과거의 기억, 감정의 흔적, 반응의 패턴이라는 거죠.

예를 들어 회의 중에 누군가가 당신의 말을 자르고 자신의 말을 이어갔다고 상상해보세요. 그 순간 마음이 확 상하고, 목이 턱 막히고, 입안이 말라붙을 정도로 당황했다면 그 반응은 단순히 '말을 잘랐다'라는 상황 때문만은 아닐 수 있습니다. 어릴 적 교실에서 손들고 발언하려다 선생님에게 무시당한 경험일 수도 있고, 가족 안에서 당신의 말이 늘 무시되던 시절의 흔적일 수도 있어요.

감정은 의식보다 빠릅니다. 그래서 어떤 감정은 논리로 설명할 수 없을 만큼 격하게 반응하고, 자신도 당황할 만큼 크고 낯선 얼굴로 나타나죠. 심지어 그때의 나이가 지금의 나보다 훨씬 어릴 때 멈춰 있는 경우도 많습니다. 몸은 어른인데 감정은 열 살쯤에서 반응하는 거예요. 그 순간 우리는 나도 모르게 감정의 시간 여행자가 됩니다.

영훈 씨는 자신은 늘 침착하고 분별력 있는 사람이라고 믿고 있었습니다. 그런데 카페에서 직원의 무뚝뚝한 응대에 예상 밖으로 격한 반응을 보였다고 했습니다.

"그게 그렇게까지 화낼 일인지 모르겠어요. 하지만 그 순간, 뭔가 제 존재가 무시당한 기분이 들었어요."

저는 그 말을 듣고 곧장 이렇게 되물었습니다.

"그 느낌, 예전에 어디서도 비슷하게 느낀 적 있나요?"

잠시 정적이 흘렀고, 그분은 조용히 고개를 끄덕였습니다.

"중학생 때요. 아버지가 제 말을 끝까지 들어준 적이 없었어요."

지금 분노가 지금 상황에 비례하지 않는다고 느껴진다면, 현재에만 반응하는 게 아니라는 뜻일 가능성이 큽니다. 분노는 생각보다 오래 기억을 품습니다. 기억은 흐릿해져도, 날이 서 있죠. 특히 분노, 억울함, 부끄러움, 소외감처럼 말로 표현되지 못한 감정일수록 몸과 마음 깊은 곳에 고스란히 남아 있다가 비슷한 상황을 만나면 다시 현재로 소환됩니다.

문제는 이런 감정의 소환이 무의식적으로 이뤄진다는 점입니다. '지금 이 감정이 예전 기억을 건드린 거야'라고 인식되기보다는, '저 사람이 나를 무시했어'로 인식되죠. 분노는 정확한 언어보다 빠르고, 논리보다 정서적 구조를 따라갑니다. 그래서 종종 사건보다 해석에 더 강하게 반응합니다. '정서적 착오'가 생기는 것이죠. 사실은 A 때문에 화가 났는데, B 상황에서 화가 터져 나오는 현상입니다. 그러다 보니 분노의 화살이 의도하지 않은 방향으로 쏘아지고, 상대는 놀라고, 나는 더 혼란스러워집니다.

중요한 건 그 감정이 틀렸다는 게 아닙니다. 다만 '지금 이 분노가 진짜 이 상황 때문인지' 자문해보는 힘이 필요하다는 거예요. 화를 느끼는 건 당연하고 자연스러운 일이지만, 지금 현실에 맞춰진 감정인지 아니면 과거의 반복 반응인지 들여다보는 건 감정의 주도권을 되찾는 시작이기도 합니다.

그런데 왜 하필 그 시점에 그 감정이 올라올까요? 예전엔 잘 참았는데, 갑자기 왜 이러는 걸까요? 예전엔 참는 법밖에 몰랐지만, 이제는 내 마음이 참는 걸 거부하기 시작했을 수도 있습니다.

우리가 느끼는 분노는 늘 지금의 것 같지만, 그 안엔 설명되지 않은 과거가 들어 있습니다. 나의 억울함, 나의 분노, 나의 서글픔, 나의 애잔함, 나의 슬픔을 누군가 한 번도 들어준 적이 없었을지도 모릅니다. 지금 내가 왜 이렇게까지 반응했는지 파고들다 보면, 그 화는 상황에 대한 반응이 아니라 그때의 나에 대한 반응이라는 사실을 알게 될 때가 있습니다. 그리고 그 사실을 인식하는 순간, 분노에 휘둘리지 않죠. 분노와 거리를 두는 힘이 생기니까요.

감정의 뿌리를 찾아라

어떤 사람은 늘 비슷한 사람에게, 어떤 사람은 늘 비슷한 상황에서 화가 납니다. 상황은 달라 보여도, 그 안에 자리한 감정의 구조는 놀랍도록 닮아 있습니다.

"또 비슷한 일이 반복됐어요."

"이번엔 사람만 달랐지, 똑같이 끝났어요."

이 말은 단순한 우연이 아닙니다. 감정은 반복되는 방식으로 나타나려는 성질이 있습니다. 선우(가명) 씨는 늘 '거절당할까 봐' 두려워하면서도 관계 속에서 자신을 지우는 선택을 반복했습니다. 그리고 매번 혼자서 서운해하고, 결국 관계를 스스로 끊어버렸죠. 이 구조는 '나를 소외시키는 사람'에 대한 분노처럼 보였지만, 실은 과거의 경험과 깊은 관련이 있었습니다.

선우 씨는 어릴 적부터 가족 안에서 '눈치 빠른 아이', '착한 아이'로 자라왔습니다. 자기 감정보다 어른들의 눈치를 먼저 살피는 게 생존 방식이었고, 감정을 표현하기보다 숨기는 것이 일상이었습니다. 그래서 누군가에게 실망했을 때, 직접 말하기보다는 혼자서 멀어지는 방식으로 반응했죠. 그 감정은 언제나 '서운함'이라는 이름을 달고 나타났지만, 그 밑바닥엔 '내가 또 외면당할까 봐'라는 익숙한 두려움이 깔려 있었습니다.

이렇듯 감정은 단독으로 작동하지 않습니다. 우리가 겪는 감정은 하나의 사건에서 끝나지 않고, 과거의 감정 기억과 얽히며 반복되는 회로를 만들어냅니다. 심리학에서는 이를 감정 스키마emotional schema 혹은 정서 기억 패턴이라고 부릅니다. 감정은 '지금 일어난 일'에만 반응하지 않고, '예전에 비슷한 방식으로 상처받은 기억'을 불러와 현재의 반응을 증폭시키는 방식으로 작동합니다.

그렇다면 어떻게 해야 이 반복을 끊을 수 있을까요? 첫 번째는 자주 반복되는 감정의 구조를 파악하는 것입니다.

예를 들어 이런 질문을 스스로에게 던져보세요.

"나는 어떤 상황에서 쉽게 화가 나는가?"

"어떤 유형의 사람과 있을 때 감정이 격해지는가?"

"비슷한 상황이 반복될 때, 나는 어떻게 반응하는가?"

이 질문에 대한 답은, 현재의 감정이 과거 어디에서부터 반복되었는지 알려주는 감정의 족보가 됩니다.

두 번째는 그 감정을 처음 배운 시기를 떠올려보는 것입니다. 처음으로 억울함을 삼킨 순간, 처음으로 무시당했다고 느낀 기억, 처음으로 감정을 표현했다가 외면당한 상황. 그 기억을 끄집어내는 건 고통스럽지만, 동시에 감정의 원본 파일을 확인하는 작업이기도 합니다. 그 원본을 확인해야만 지금의 반복 반응이 실은 오래된 기억에 기댄 반사작용이라는 걸 알 수 있어요.

마지막으로 중요한 건, 그 감정을 떠올렸을 때 지금의 나로서 그때의 나를 이해해주는 작업입니다. 과거의 나는 말하지 못했을지 몰라도, 지금의 나는 감정을 알아차릴 수 있습니다. 그때는 참을 수밖에 없는 상황이라도, 지금은 그 감정을 표현하고 정리할 수 있는 언어와 조건을 가지고 있으니까요.

감정은 알아차려질 때, 비로소 '반복되는 감정'이 아니라 '이해된 감정'이 됩니다. 이해된 감정은 다음 상황에서 예전과 같은 방식으로 자동 반응하지 않습니다. 그건 감정을 없애는 일이 아니라, 감정이 더 이상 나를 지배하지 않게 하는 일이죠.

우리는 때때로 감정을 다룬다고 하면서 감정을 억제하려 합니다. 하지만 진짜 감정 작업은 감정을 줄이는 게 아닙니다. 그 감정이 어디에서 왔는지 추적해 그 경로를 다시 쓰는 일입니다. 같은 감정에 반복적으로 휘둘릴 때, 거기엔 반드시 말이 되지 못한 이야기가 숨겨져 있습니다. 그 이야기를 발견하는 순간, 분노의 감정은 나를 덮치는 파도에서 내가 타고 흐를 수 있는 물결로 바뀝니다.

오래된 분노와 작별하라

억눌린 분노는 조용히 쌓이다가 언젠가 폭발하거나 내 몸 어딘가에 병처럼 남습니다. 우리 안에서 터지는 분노의 순간은, 사실은 너무 오래 흘러가지 못한 감정이 고여 있다가 결국 넘쳐버리는 장면일지도 모릅니다.

분노를 다룰 때 필요한 건 억제력이 아니라 '애도'입니다. 애도는 이해받지 못한 감정 전체에 작별을 고하는 일입니다. 예전에 상처받은 기억이 있다면, 그 순간을 다시 떠올려 조용히 말해보세요.

"그때, 정말 화났겠구나."

"그땐 그렇게밖에 못 했을 거야."

"그런 상황에 놓인 내가 참 안쓰럽다."

이 다정한 문장들은, 당시에는 말하지 못한 내 마음의 본심입니다. 그리고 그렇게 말해줄 때, 우리는 처음으로 분노를 내려놓을 자격을 갖게 됩니다. 분노는 단순히 참으면 되는 감정이 아닙니다. 이해되지 못한 채 방치되면, 그 기억은 점점 더 날카롭게 되살아나죠. 그러다 문득 비슷한 상황을 만나면, 예전의 감정이 현재에 덧씌워져 과도하게 반응하게 되는 겁니다.

그래서 분노를 떠나보내는 건, 기억을 지우는 것이 아니라 그 기억을 '이제는 다르게 바라볼 수 있다'는 확신을 심어주는 일입니다. 그 시절의 내가 너무 어렸고, 말하는 법을 몰랐고, 화를 내도 된다는 걸 배우지 못했음을 인정하는 거죠.

어떤 분노는 몇 년이 지나도 줄어들지 않습니다. 그건 정상이기도 합니다. 그 감정이 여전히 이해받지 못했기 때문이에요. 우리는 감정을 다루는 법은 배웠지만, 감정을 애도하는 법은 배우지 않았습니다. 실제로 상담 장면에서 자주 보게 됩니다. 누군가 오래된 분노를 이야기하다가 조용히 이렇게 말하는 순간이 있어요.

"저 그때 사실… 너무 무서웠나 봐요."

그 짧은 고백에는 화를 낸 이유, 참고 있던 이유, 그리고 결국 아무도 내 편이 아니라는 외로움이 담겨 있죠. 그 순간이 바로, 분노가 처음으로 이해받는 자리입니다. 분노는 그렇게 조용히 사라지는 게 아니라, 들어줄 누군가 앞에서 서서히 식어가는 감정입니다. 억누르는 대신 조용히 내 안의 감정을 옆자리에 앉히는 연습을 해보세요.

"괜찮아. 그땐 정말 힘들었지."

"그렇게 화낼 수밖에 없었어."

다정한 말 한마디가 오래된 분노에는 가장 강력한 진정제가 됩니다. 그리고 중요한 건, 이 연습이 단 한 번으로 끝나지 않는다는 사실이에요. 며칠, 몇 달, 혹은 몇 년에 걸쳐 조금씩 조금씩 덜 분노하는 자신을 발견하게 될 겁니다. 그때가 되면, 예전엔 폭발했을 말에도 그저 웃어넘기는 날이 오겠죠. 같은 상황에서 이전만큼 상처받지 않고, 이전만큼 화내지 않는 나를 보게 될 겁니다. 그것이 바로 오래된 분노와 작별했다는 증거입니다. 그때는 이렇게 말해보세요.

"그때의 나는 그럴 수밖에 없었지만, 지금의 나는 그렇게 반응하지 않아도 괜찮아."

이 말은 누군가에게 들려주는 말이 아니라, 내 안의 오래된 분노에 보내는 다정한 이별 인사입니다.

♠ 내가 오늘 참은 말 한마디는 무엇인가요?

♠ 터뜨린 감정의 진짜 원인은 무엇인가요?

♠ 그 감정이 나에게 알려준 메시지는 무엇인가요?

2장

가까운 사람에게만 화를 내는 당신에게

아무리 가까운 사이라도 마음을 읽을 수는 없습니다.
내가 중요하게 여기는 것이 상대방에게도 똑같이
중요하지 않을 수 있어요. 내가 표현하는 사랑의 방식과
상대방이 원하는 방식이 다를 수도 있고요.
기대의 무게는 관계를 짓누를 뿐만 아니라,
사소한 일에 화내는 패턴을 만들어냅니다.

1

밖에서는 "괜찮아요",
집에서는 "건들지 마"

우리는 모두 감정 연기자

오전 9시, 회사 엘리베이터에서 만난 동료가 "어제 야근하느라 고생했죠?"라고 묻습니다. 실제로는 새벽 2시까지 일하느라 눈이 퉁퉁 부어 있지만, 당신은 환한 미소를 지으며 대답합니다. "괜찮아요, 별일 아니에요."

오후 6시, 상사가 갑자기 내일까지 완료해야 할 업무를 추가로 던져줍니다. 속으로는 '도대체 언제까지 이런 식으로 일해야 하나?' 하는 생각이 들지만, 입에서 나오는 말은 다릅니다. "네, 알겠습니다. 내일 아침까지 준비해드릴게요."

오후 9시, 집 현관문을 열자마자 가족이 "주말에 뭐 먹을까?”라고 묻습니다. 그 순간 당신의 입에서는 예상치 못한 날카로운 말이 터져 나옵니다. “하루 종일 죽어라 일하고 와서 또 밥걱정까지 해야 해? 좀 알아서 하면 안 돼?”

이런 경험, 낯설지 않으시죠? 밖에서는 그토록 참을성 있고 사람들에게 친절한 당신이, 집에만 오면 왜 이렇게 예민해지는 걸까요?

현대인은 누구나 여러 개의 얼굴을 가지고 살아갑니다. 직장에서의 얼굴, 친구들과 있을 때의 얼굴, 부모님 앞에서의 얼굴, 그리고 집에서 가족들과 있을 때의 얼굴까지. 마치 연극 무대에서 배역에 따라 가면을 바꿔 쓰는 배우처럼, 우리는 상황에 맞는 적절한 모습을 연기하며 살아갑니다.

이것 자체는 자연스러운 일입니다. 사회생활을 위해서는 어느 정도의 감정 조절과 역할 연기가 필요하니까요. 하지만 문제는 이런 ‘연기’가 하루 종일 계속된다는 것입니다. 아침에 일어나 집을 나서는 순간부터 밤에 집에 돌아올 때까지, 우리는 끊임없이 상황에 맞는 적절한 반응을 해야 합니다.

짜증이 나도 웃어야 하고, 화가 나도 참아야 하며, 피곤해도 괜찮은 척해야 합니다. 마치 물을 댐으로 막아두듯, 우리는 하루 종일 자신의 진짜 감정들을 억누르고 살아갑니다.

민수(가명) 씨도 이런 일상을 보내고 있었습니다. 지하철에서 누군가 발을 밟았지만 "괜찮습니다" 하고 넘어갑니다. 회사에서 동료가 자신의 아이디어를 가로채 발표했지만 "좋은 생각이네요"라며 박수 칩니다. 점심시간에 후배가 개인적인 고민 상담을 요청하면 바쁜 와중에도 시간을 내어 들어 줍니다. 퇴근 후 지인의 결혼식에 참석해서는 축하 인사를 건네며 즐거운 척합니다.

하루 종일 이런 식으로 자신의 진짜 감정을 억누르고 상황에 맞는 '적절한' 반응을 보이며 살아온 민수 씨가 집에 도착했을 때, 그의 마음속 댐에는 이미 감정들이 가득 차 있었습니다. 그런데 집에서 아내가 "오늘 쓰레기 버리는 거 또 깜빡했네"라고 말하는 순간, 하루 종일 억눌러온 감정들이 한꺼번에 터져 나옵니다. "그까짓 쓰레기가 뭐 그리 중요해? 나 하루 종일 얼마나 힘든지 알아?"

마음은 물과 닮아 있습니다. 흐르도록 두면 맑아지지만, 막고 억누르면 썩고 탁해지죠. 우리가 하루 종일 억누르는 감정들, 억울함, 분노, 서러움, 피로함, 이 모든 것이 마음 한

구석에 고여만 갑니다. 아침 지하철에서 발을 밟힌 것과 동시에 시작된 짜증, 회사에서 참아야 한 억울함, 점심시간에 들어준 후배의 고민에 대한 부담감, 결혼식에서 연기한 축하의 마음까지 이 모든 감정이 제대로 처리되지 못한 채 마음속에 쌓여가는 것입니다.

가면 뒤의 진짜 마음

지영(가명) 씨는 동료들 사이에서 '천사'라는 별명으로 불려왔습니다. 누가 도움을 요청해도 거절하지 않고, 회식 자리에서는 항상 밝게 웃으며, 상사의 부당한 지시에도 "네, 알겠습니다" 하고 받아들입니다. 하지만 집에 돌아온 지영 씨는 완전히 다른 사람이 됩니다. 룸메이트가 설거지를 조금 늦게 했다고 짜증을 내고, 엄마의 안부 전화에도 "바빠서 못 받겠다"라며 차갑게 대합니다. 지영 씨 자신도 이런 모습을 이해하지 못합니다.

"왜 저는 밖에서는 그렇게 좋은 사람인 척하면서 정작 가족에게는 이렇게 못되게 굴까요?"

지영 씨는 세상의 많은 일에 대해 잘 알고 있지만 정작 자신의 마음은 잘 모르고 있습니다. 하루 종일 '좋은 사람' 연기를 하느라 마음속 어딘가에 감정들이 차곡차곡 쌓여 있다는 사실을 말입니다. 그리고 그 감정들이 언젠가는 터져 나올 곳을 찾고 있다는 것을 말입니다.

우리가 사회에서 쓰는 가면은 결코 가짜가 아닙니다. 그것도 우리의 일부분이며, 사회적 관계를 유지하기 위해 필요한 모습입니다. 하지만 문제는 가면을 쓰고 있는 시간이 너무 길어서, 정작 가면을 벗을 수 있는 시간과 공간이 부족하다는 것입니다.

집은 우리가 가면을 벗을 수 있는 유일한 공간입니다. 여기서만큼은 완벽하지 않아도 되고, 항상 웃지 않아도 되며, 때로는 짜증을 내고 투정을 부려도 된다고 무의식적으로 생각합니다. 그래서 집에 도착해 현관문을 여는 순간, 하루 종일 억눌러온 진짜 감정들이 한꺼번에 쏟아져 나옵니다. 마치 댐이 무너지듯이 말입니다. 가족들은 이런 모습을 보며 당황합니다.

"밖에서는 그렇게 착하더니 집에서는 왜 이래?"

하지만 사실 이것이야말로 그 사람의 진짜 모습에 가깝

습니다. 완전히 가면을 벗고 자신의 솔직한 감정을 드러내는 모습 말입니다. 물론 이것이 가족에게 화풀이해도 된다는 뜻은 아닙니다. 하지만 적어도 이런 현상이 왜 일어나는지는 이해해야 합니다.

지영 씨가 집에서 예민해지는 것은 나쁜 사람이어서가 아닙니다. 하루 종일 '좋은 사람'으로 살아가느라 마음이 너무 피곤해졌을 뿐입니다. 너무 오래 흘러가지 못한 감정이 고여 있다가 결국 넘쳐버리는 것뿐이죠.

혹시 당신도 회사에서는 동료들의 부탁을 거절하지 못해 늘 야근하면서도 "괜찮다"라고 말하고, 친구들 앞에서는 항상 밝고 긍정적인 모습만 보여주려 애쓰면서도, 정작 집에 오면 가족의 사소한 말 한마디에도 과민반응을 보이지는 않나요?

만약 그렇다면, 당신이 유별나거나 성격이 이상해서가 아닙니다. 현대를 살아가는 수많은 사람이 똑같은 감정의 딜레마를 겪고 있습니다. 그리고 이것은 충분히 이해할 수 있고, 또 치유할 수 있는 마음입니다.

안전한 공간에서 터지는 감정들

회사에서 상사에게 혼난 날, 당신은 누구에게 화를 내나요? 친구에게 상처받는 말을 들었을 때, 그 분노는 어디로 향하나요? 아마도 대부분 집으로 돌아와서 가장 가까운 사람에게 터뜨릴 겁니다. 참 이상한 일이죠. 화의 원인을 제공한 사람은 따로 있는데, 왜 우리는 엉뚱한 사람에게 화를 낼까요? 왜 가장 사랑하는 사람이 우리 분노의 대상이 되는 걸까요?

사람의 마음에는 이상한 법칙이 있습니다. 위험한 곳에서는 감정을 숨기고, 안전한 곳에서는 감정을 드러낸다는 것입니다. 마치 폭풍 속 바다에서 항해하던 배가 안전한 항구에 도착해서야 비로소 돛을 내리고 쉬듯이, 우리의 감정도 안전한 공간을 찾아서야 진짜 모습을 드러냅니다.

직장은 감정에 안전한 공간이 아니죠. 상사에게 화를 냈다가는 인사고과에 불이익을 당할 수 있고, 동료들 앞에서 짜증을 냈다가는 분위기를 해치는 사람이 될 수 있으니까요. 친구들 앞에서도 마찬가지예요. 너무 감정적으로 구는 사람이라는 낙인이 찍힐까 봐 조심스럽습니다.

하지만 집은 다릅니다. 여기는 당신을 떠나지 않을 사람들이 있는 곳입니다. 가족은 당신이 화를 내도, 짜증을 내도, 못된 모습을 보여도 당신을 버리지 않을 것이라고 무의식적으로 믿고 있습니다. 그래서 우리의 감정은 집으로, 가족에게로 향합니다.

또 다른 사례가 있습니다. 수진(가명) 씨는 어느 날 회사에서 큰 실수를 했습니다. 중요한 프레젠테이션에서 데이터를 잘못 입력해 상사에게 크게 꾸중을 들었죠. 동료들 앞에서 면박을 당하는 순간, 수진 씨의 마음속에는 분노와 억울함이 끓어올랐습니다. 그러나 그 자리에서 수진 씨는 "죄송합니다. 다시 확인해서 수정하겠습니다"라고 말할 뿐이었습니다. 그 감정들은 어디로 갔을까요? 마음 깊은 곳에 꾹꾹 눌러 담아두고, 하루 종일 그대로 가지고 다녔습니다.

몸도 마음도 지쳐서 퇴근한 그녀에게 열 살 아들이 "엄마, 내일 준비물 사야 해"라고 말하는 순간, 하루 종일 참아온 감정이 폭발했습니다.

"넌 왜 항상 전날에 말해? 미리미리 좀 말하면 안 돼? 엄마가 뭐 시간이 남아도는 줄 알아?"

아들은 영문도 모른 채 엄마의 화를 고스란히 받았습니다. 사실 수진 씨가 화가 난 진짜 이유는 회사에서 일어난 일 때문인데, 그 분노는 엉뚱하게 아들에게 향한 것이죠.

감정의 잘못된 주소 배달

심리학에서는 이런 현상을 '감정 전이'라고 부릅니다. 원래 향해야 할 곳으로 가지 못한 감정이 다른 대상을 찾아가는 것입니다. 마치 잘못된 주소로 배달된 택배처럼, 우리의 감정도 종종 엉뚱한 곳에 배달됩니다. 왜 이런 일이 벌어질까요?

첫 번째 이유는 '안전함' 때문입니다. 진짜 화가 난 상대에게는 감정을 표현하기 위험하지만, 가족은 상대적으로 안전합니다. 가족은 당신을 해고하지 않고, 관계를 끊지 않을 것이라고 믿는 것이죠.

두 번째 이유는 '허용' 때문입니다. 사회에서는 감정 표현에 제약이 많지만, 집에서는 그런 제약이 덜합니다. 가족 앞에서는 좀 더 솔직해도, 감정적이어도 용납될 것이라고 생각하니까요.

세 번째 이유는 '에너지 부족' 때문입니다. 하루 종일 감정을 조절하느라 지친 마음에는 더 이상 적절한 대상을 찾아 감정을 처리할 에너지가 남아 있지 않습니다. 그래서 가장 가까이 있는 사람에게 그 감정을 쏟아붓게 됩니다.

수진 씨는 매일 회사에 가느라 지하철 2시간, 회사 8시간, 다시 지하철 2시간의 일상을 반복합니다. 하루 12시간을 집 밖에서 보내면서 수많은 크고 작은 스트레스를 경험합니다. 지하철의 밀림, 상사의 무리한 요구, 동료와의 미묘한 갈등, 고객의 불합리한 컴플레인까지. 이 모든 것을 참고 견디며 하루를 버틴 그녀가 집에 도착하면 마음은 이미 온갖 감정으로 가득 차 있습니다. 하지만 정작 그 감정들을 어떻게 처리해야 할지는 모릅니다. 수진 씨 자신도 왜 이렇게 화가 나는지 정확히 알지 못하죠.

사실 수진 씨의 화는 아이 때문이 아니었습니다. 지하철에서 밀쳐낸 사람, 무리한 요구를 한 상사, 불합리한 컴플레인을 한 고객, 이 모든 사람에 대한 화가 고스란히 아이에게 향한 것입니다. 이런 일이 반복되면 가족은 점점 지쳐갑니다. 왜 자신이 매일 이런 화를 들어야 하는지 이해할 수 없고, 억울하고, 상처받습니다. 그리고 서서히 가족 관계에 균열이 생기기 시작합니다.

가장 슬픈 것은 우리가 가장 소중한 사람에게 가장 나쁜 모습을 보인다는 사실입니다. 우리는 무의식적으로 '이 사람은 나를 떠나지 않을 것'이라고 확신하는 사람에게 감정을 쏟아냅니다. 이것은 역설적으로 사랑의 표현이기도 해요. 당신이 그 사람을 믿는다는 뜻이기 때문이죠. 하지만 문제는 그 믿음이 일방적이라는 것입니다. 받는 쪽에서는 그저 감정의 쓰레기통 역할을 한다고 느낄 뿐이죠. 그럼에도 우리는 종종 이런 관계를 '편하다'고 표현합니다. "가족 앞에서는 편해서 그래", "너무 가까우니까 그런 거야"라고 말하며 스스로를 합리화합니다.

하지만 진정한 편안함은 상대방을 내 감정의 쓰레기통으로 만드는 것이 아닙니다. 진정한 사랑은 상대방을 나의 감정 처리 도구로 사용하는 것이 아니라, 서로의 감정을 존중하고 배려하는 것입니다. 가까운 사이일수록 더 조심스럽게, 더 다정하게 대해야 합니다.

당신의 분노가 엉뚱한 사람에게 향하고 있지는 않나요?

당신이 사랑하는 사람이 당신의 감정 쓰레기통 역할을 하고 있지는 않나요? 만약 그렇다면, 이제는 그 감정들의 진짜 주소를 찾아줄 때입니다. 그리고 가장 소중한 사람에게는 가장 좋은 모습을 보여줄 때입니다.

2

가까울수록
욱하는 마음

익숙함이 만드는 착각

매일 아침 같은 길을 걸어 다니다 보면, 언제부터인가 신호등의 위치도, 가로수의 모양도 당연한 것이 되어버립니다. 마치 그것들이 처음부터 거기 있었던 것처럼요. 사람과의 관계도 마찬가지입니다. 처음 만났을 때는 상대방의 작은 표정 변화도, 말투의 미묘한 차이도 놓치지 않으려 애썼지만, 시간이 지나면서 그 사람을 '안다'라고 착각하게 됩니다.

심리학에서는 이를 '확증 편향confirmation bias'이라고 부릅니다. 우리는 이미 알고 있다고 생각하는 정보에 맞는 것만 선택적으로 받아들이고, 그렇지 않은 것은 무시하거나 왜곡

해서 받아들이는 경향이 있어요. 남편이 평소보다 말이 적으면 '피곤해서 그런 거야'라고 단정하고, 아이가 짜증을 내면 '사춘기니까 그런 거지'라고 결론짓습니다. 하지만 실제로는 남편이 회사에서 힘든 일을 겪었을 수도 있고, 아이가 친구와 다퉜을 수도 있어요.

문제는 이런 착각이 쌓이면서 진짜 소통이 사라진다는 것입니다. 우리는 상대방의 말을 듣는 것이 아니라, 우리가 예상한 대로 해석해버려요. 마치 색깔이 바랜 필터를 통해 세상을 보는 것과 같습니다. 모든 것이 우리가 익숙한 색깔로만 보이게 되죠.

더 심각한 것은 '투명성의 착각illusion of transparency'입니다. 가까운 사람일수록 '내 마음을 당연히 알 거야'라고 생각하게 돼요. 하지만 아무리 가까운 사이라도 상대방은 내 머릿속을 들여다볼 수 없습니다. 내가 왜 화가 났는지, 무엇 때문에 서운한지 정확히 말하지 않으면 상대방은 알 수 없어요.

예를 들어 아내가 설거지하는데 남편이 TV를 보고 있다고 해봅시다. 아내는 '당연히 도와줘야 하는 거 아니야?'라고 생각하지만, 남편은 '평소에 내가 설거지하는 걸 서툴다고 했으니까 안 하는 게 나을 거야'라고 생각할 수 있어요. 서로 다른 기준과 경험이 있는데, 자신의 관점에서만 상대방을 판단하는 거죠.

익숙함이 만드는 또 다른 함정은 '습관화'입니다. 처음에는 고마워하던 것이 당연한 것으로 변해버려요. 매일 아침 커피를 타주는 것, 늦은 밤까지 기다려주는 것, 작은 것 하나하나 챙겨주는 것이 그냥 '원래 그런 사람'이 되어버립니다. 그러다 어느 날 그런 것이 없어지면 그제야 화가 나는 거예요.

가장 안타까운 것은, 우리가 낯선 사람에게는 정중하게 대하면서도 가장 소중한 사람에게는 예의를 지키지 않는다는 점입니다. 길에서 부딪힌 모르는 사람에게는 "죄송합니다"라고 말하면서, 집에서 가족과 부딪히면 "왜 거기 서 있어?"라고 말하죠. 카페 직원이 주문을 잘못 받으면 이해하려고 노력하면서, 가족이 내 기대와 다르게 행동하면 화부터 내는 거예요.

이런 착각에서 벗어나려면 먼저 '나는 이 사람을 정말 알고 있을까?'라는 질문부터 시작해야 합니다. 10년을 함께 살았어도, 20년을 함께 일했어도, 상대방은 여전히 변화하고 성장하는 독립된 개체예요. 어제의 그 사람과 오늘의 그 사람은 분명히 다른 부분이 있을 겁니다. 진정한 친밀감은 상대방을 완전히 안다고 착각하는 것이 아니라, 상대방을 계속해서 알아가려고 노력하는 것에서 나옵니다. 매일 보는 사람이지만 오늘은 어떤 기분인지, 요즘 무엇을 고민하는지, 어떤 것을 원하는지 새롭게 발견하려는 마음 말이에요.

안전함 속의 무례함

집에 들어서는 순간, 우리는 마치 갑옷을 벗듯이 가면을 내려놓습니다. 하루 종일 직장에서 보여준 친절한 미소, 지하철에서 양보한 자리, 카페에서 보여준 정중한 태도가 모두 사라져요.

대신 피곤하다는 한숨, 짜증 섞인 목소리, 무심한 대답이 그 자리를 차지합니다. 왜 그럴까요? 앞에서도 말했듯이, '여기는 안전한 곳'이라는 확신이 있기 때문입니다. 감정 노동emotional labor의 해제 현상인 셈이죠.

우리는 하루 종일 사회적 기대에 맞춰 감정을 조절하고

관리하느라 에너지를 소모합니다. 상사 앞에서는 화가 나도 웃고, 고객 앞에서는 짜증이 나도 친절하게 대하죠. 이런 감정 노동은 상당한 심리적 에너지를 요구합니다. 그래서 집에 오면 더 이상 그런 노력을 하지 않아도 된다고 생각하게 되는 거예요.

문제는 이런 '감정의 스위치 끄기'가 무의식적으로 일어난다는 점입니다. 마치 자동차의 안전벨트를 풀듯이, 집 문을 여는 순간 모든 사회적 예의도 함께 벗어버리는 거예요. 그 결과 가장 소중한 사람들이 우리의 가장 나쁜 모습을 보게 됩니다.

더욱 아이러니한 것은, 우리가 가장 사랑하는 사람에게 가장 무례하게 굴면서도 그것을 '진짜 내 모습을 보여주는 것'이라고 합리화한다는 점입니다. "다른 사람들 앞에서는 꾸미고 사는데, 너 앞에서만큼은 진짜 내 모습을 보여주는 거야"라고 말하죠. 하지만 정말 그럴까요? 피곤하고 짜증나는 모습만이 진짜 우리일까요?

애착 이론attachment theory의 관점에서 보면, 아이가 엄마 곁에서는 마음 놓고 울고 떼를 쓰지만 낯선 사람 앞에서는 얌전하듯이 가까운 사람 앞에서는 감정을 조절하지 않고 그대로 표출합니다. 하지만 성인의 관계에서 이런 패턴이 계속되면 문제가 됩니다. 상대방도 똑같이 감정 노동에 지쳐 있고 똑같이 이해받고 싶어 하는데, 나만 감정을 쏟아낸다면 관계의 균형이 깨지게 되죠. 마치 한쪽으로만 기울어진 시소처럼 말이에요.

예를 들어 회사에서 힘든 하루를 보낸 남편이 집에 돌아와서 아내에게 "저녁은?", "왜 이렇게 집이 어수선해?"라고 말한다고 해봅시다. 남편은 단순히 피곤해서 그랬을 뿐인데, 아내는 하루 종일 집안일과 아이 돌보기에 지쳐 있었을 거예요. 그런데 그의 첫 마디가 불평이라면 어떨까요? 아내도 똑같이 안전한 공간에서 감정을 해제하고 싶었을 텐데, 남편 때문에 또다시 감정 노동을 해야 하는 상황이 되는 거죠.

가장 위험한 것은 이런 패턴이 '당연한 것'으로 굳어진다는 점입니다. "원래 집에서는 편하게 있는 거지", "가족끼리 뭘 그렇게 따져"라는 식으로 정당화하게 돼요. 하지만 편하게 있는 것과 무례하게 구는 것은 완전히 다른 문제입니다. 거창한 이벤트나 큰 갈등보다도, 매일매일 주고받는 작은 대화와 태도가 관계의 품격을 결정하죠. 그런데 흥미롭게도, 우리는 가까운 사람에게 무례하게 굴면서도 그들이 똑같이 우리에게 무례하게 구는 것은 참지 못합니다. 내가 피곤해서 짜증을 내는 것은 이해해달라고 하면서, 상대방이 똑같이 하면 화를 내죠. 이런 이중 잣대는 관계를 더욱 악화시킵니다.

진정한 안전함이란 상대방에게 무례해도 되는 특권이 아니라, 서로의 진짜 모습을 존중하고 받아들일 수 있는 여유를 의미해야 합니다. 피곤할 때는 "오늘 정말 힘들었어. 조금 쉬고 나서 이야기할게"라고 말하는 것이, 그냥 퉁명스럽게 구는 것보다 훨씬 더 솔직하고 건강한 표현이에요.

가장 소중한 사람이기에 더욱 정중하게, 더욱 세심하게 대해야 합니다. 그들은 당신의 감정 쓰레기통이 아니라, 당신과 함께 인생을 만들어가는 소중한 사람들이니까요.

기대의 무게

진수(가명) 씨와 승아(가명) 씨는 결혼 10년 차 부부입니다. 최근 갈등이 잦아졌다고 했어요. 화나는 일을 하나씩

들어보니 정말 사소한 것들이었습니다.

"어제 아내가 설거지하다가 제가 좋아하는 컵을 깨트렸어요. 그런데 미안하다는 말은커녕 왜 진작 치우지 않았냐며 화를 내더라고요. 순간 머리가 확 돌았습니다. 겨우 컵 하나 가지고 왜 이렇게 화가 나는지…."

진수 씨의 이야기를 들어보니, 화의 진짜 원인은 컵이 아니었습니다. 그는 아내가 자신의 물건을 소중히 여겨주기를 기대한 겁니다. '내가 좋아하는 컵이니까 조심히 다뤄줘야 하는 거 아니야?', '깨뜨렸으면 최소한 미안하다는 말은 해야지!'라고 기대한 것이죠.

심리학에서는 이를 '기대 위반expectation violation'이라고 부릅니다. 우리가 예상한 것과 현실이 다를 때 느끼는 실망감과 분노예요. 문제는 이런 기대가 대부분 말로 표현되지 않는다는 점입니다. 진수 씨도 아내에게 "이 컵을 조심히 다뤄줘"라고 말한 적이 없었어요. 그냥 '당연히 알아서 해줄 거야'라고 생각한 것이죠. 그렇다면 아내인 승아 씨는 어떤 일에 화가 났을까요? 남편이 퇴근 후 바로 소파에 누워 핸드폰만 보면 화가 난다고 했습니다.

"별거 아닌 일인데 자꾸 짜증이 나요. 그냥 오늘 어떻게 지냈냐고 물어보기만 해도 되는데, 인사도 없이 소파에 누워서 핸드폰만 봐요. 그러면 저도 모르게 '피곤해?'라고 비꼬게 되고…."

승아 씨의 기대는 간단했습니다. 남편이 집에 오면 자신에게 관심을 보여주길 원한 거죠. 하지만 남편에게는 집이 '휴식의 공간'이었습니다. 하루 종일 사람들과 대화하고 신경 쓰느라 지친 그에게는 조용히 쉬는 시간이 필요했어요. 서로 다른 기대가 충돌한 것이죠.

흥미로운 것은 둘 다 자신의 기대가 '당연한 것'이라고 생각한다는 점입니다. 승아 씨는 "부부끼리 인사하는 게 당연하지 않나요?"라고 말했고, 진수 씨는 "집에서 쉬는 게 당연하지 않나요?"라고 반박했어요. 둘 다 틀린 말은 아니지만, 문제는 상대방의 입장을 이해하려 하지 않는다는 점이었습니다. 사랑에 대한 개념도 달랐죠.

승아 씨는 친밀한 대화를 사랑이라고 느끼는 사람이었고, 진수 씨는 개인적인 영역을 지키는 것을 더 중요하게 여기는 사람이었어요. 자신의 물건을 소중히 여기는 만큼 아내의 물건도 소중하게 다루었죠. 이렇듯 서로 다른 언어로 사랑을 표현하면서, 자신의 방식만 옳다고 생각한 겁니다.

심리학자 앨버트 엘리스Albert Ellis는 이런 현상을 '비합리적 신념irrational beliefs'으로 설명했습니다. '내가 사랑하는 사람은 반드시 내 기대에 부응해야 한다', '내가 베푼 만큼 상대방도 똑같이 보답해야 한다'라는 믿음이 우리를 끊임없는 분노로 이끈다는 거예요. 이 부부의 공통점은 무엇일까요? 모두 자신의 기대를 명확히 표현하지 않고, 상대방이 '알아서' 해주기를 바랐다는 점입니다. 그리고 그 기대가 충족되지 않았을 때, 사소한 일에도 과도하게 화를 냈어요. "왜 말하지 않고 기대하기만 하셨을까요?"라고 물어보니, 두 분 모두 비슷한 대답을 했습니다.

"그걸 꼭 말해야 아나요? 가족인데 당연한 거 아닌가요?"

아무리 가까운 사이라도 마음을 읽을 수는 없습니다. 내가 중요하게 여기는 것이 상대방에게도 똑같이 중요하지 않을 수 있어요. 내가 표현하는 사랑의 방식과 상대방이 원하는 방식이 다를 수도 있고요. 기대의 무게는 관계를 짓누를 뿐만 아니라, 사소한 일에 화내는 패턴을 만들어냅니다. 컵 하나, 인사 한마디, 감사 표현 하나에도 엄청난 의미를 부여하게 되고, 그것이 충족되지 않으면 마치 큰 배신을 당한 것처럼 느끼게 돼요.

건강한 관계를 위해서는 '기대 조절'이 필요합니다. 이는 아무것도 바라지 말라는 뜻이 아니라, 현실적이고 합리적인 기대를 갖자는 의미예요. 그리고 무엇보다 중요한 것은 기대하기 전에 먼저 소통하는 것입니다.

진수 씨가 아내에게 "이 컵이 나한테 특별한 의미가 있으니, 조심히 다뤄주면 고맙겠어"라고 말해주었다면 어땠을까요? 승아 씨도 남편에게 "당신이 집에 오면 오늘 하루 어땠는지 궁금해. 잠깐이라도 이야기할 수 있을까?"라고 요청했더라면요?

사소한 일에 화가 나는 이유는 종종 말하지 않은 기대들이 쌓여 있기 때문입니다. 기대는 사랑의 표현이지만, 동시에 관계를 파괴할 수 있는 독이기도 해요. 사랑한다면, 기대하되 강요하지 말고, 바라되 표현하세요. 사소한 일에 크게 화를 내는 일이 줄어들 겁니다.

3

착한 사람이
더 많이 화내는 역설

화를 못 내는 사람이 왜 더 자주 폭발할까?

"저는 평소에 정말 화를 잘 안 내는 사람이에요."

은수(가명) 씨는 이런 말을 자주 했습니다. 그런데 자세히 관찰하면 흥미로운 패턴을 발견하게 됩니다. 화를 잘 안 낸다고 하면서 결정적 순간에 자주, 더 극단적으로 폭발한다는 것입니다.

그녀는 성실하게 직장생활을 했습니다. 누가 부탁하면 거절하지 못했고, 야근을 떠맡아도 불평 한마디 하지 않았죠. 동료들의 실수를 대신 수습하거나, 회식 자리에서는 항상 분위기를 좋게 만들려고 노력했습니다. 그런 그녀가 어느 날 갑자기 회사에 사표를 던졌습니다. 아무런 예고도 없이, 마치 폭탄이 터지듯이 말이죠.

"그냥 더는 견딜 수가 없었어요. 모든 게 다 싫어졌어요."

은수 씨의 말에는 오랫동안 쌓인 분노와 좌절이 묻어 있었습니다. 화를 안 낸 것이 아니라, 화를 '못' 낸 것이었죠. 은수 씨처럼 화를 못 내는 사람의 내면을 들여다보면, 마치 압력밥솥과 같습니다. 밖으로는 잔잔해 보이지만, 안에서는 엄청난 압력이 쌓이고 있습니다. 화라는 감정은 사라지지 않습니다. 단지 표현되지 않을 뿐이죠.

정상적으로 화를 내는 사람은 감정의 압력이 일정 수준에 도달하면 적절히 배출합니다. "그렇게 하시면 곤란해요", "저는 그 의견에 동의하지 않습니다", "지금 기분이 좋지 않아요" 같은 방식으로 말입니다. 이런 작은 배출 과정을 통해 감정의 압력은 안전한 수준으로 유지됩니다.

하지만 화를 못 내는 사람은 이런 배출구가 막혀 있어요. 작은 불만도 참고, 중간 정도의 화도 삼키고, 상당한 분노도 속으로만 삭이죠. 그 결과 감정의 압력은 계속해서 상승합니다. 그리고 어느 순간, 임계점을 넘어서면 폭발합니다.

화를 못 내는 이유는 다양합니다. 가장 흔한 것은 어릴 때부터 형성된 믿음 체계입니다. '화내는 건 나쁜 거야', '좋은 사람은 화를 내지 않아', '화를 내면 사람들이 싫어해', '참는 게 미덕이야' 같은 믿음들이 화라는 자연스러운 감정을 억압하게 만듭니다. 특히 한국 사회에서 자란 사람들은 '참을 인忍'을 미덕으로 여기는 문화적 배경 때문에 화를 표현하는 것을 더욱 어려워합니다.

또 다른 이유는 거절에 대한 두려움입니다. 화를 낸다는 것은 어떤 면에서 상대방의 행동이나 요구를 거절하는 것입니다. 그런데 거절하면 미움받을까 봐, 관계가 틀어질까 봐 두려워합니다. 그래서 자신의 감정보다는 타인의 기분을 우선시하게 됩니다.

흥미롭게도 화를 못 내는 사람은 대부분 '착한 사람'이라는 평가를 받습니다. 하지만 이 착함에는 함정이 있습니다. 진정한 착함이 아니라, 미움받기 싫어서 하는 착함일 수 있기 때문이죠. 진짜 착한 사람은 필요할 때 적절히 화를 냅니다. 불의를 보면 분노하고, 자신이 부당한 대우를 받으면 항의합니다. 그것이 오히려 건강한 관계를 만들고, 자신과 타인 모두를 보호하는 방법입니다.

반면 화를 못 내는 착함은 결국 자신을 해치고, 주변 사람에게도 피해를 줍니다. 쌓인 분노가 폭발할 때는 통제되지 않기 때문에 관계에 더 큰 상처를 남기기도 합니다. 작은 화를 내지 않으면 큰 화를 내게 됩니다. 작은 불만이나 짜증을 적절히 표현하는 것은 건강한 감정 표출 방식입니다. 마치 댐에서 물을 조금씩 방류하는 것과 같아요. 조금씩 방류하면 댐은 안전하지만, 계속 가둬두면 결국 댐이 무너질 수 있습니다. 우리의 감정도 마찬가지입니다.

화를 못 내는 사람이 더 자주 폭발하는 이유가 바로 여기에 있습니다. 작은 화를 내지 않았기 때문에 큰 화를 내게 되는 것입니다. 그리고 그 폭발은 예측하기 어렵고, 통제하기도 힘듭니다. 참았다가 크게 터뜨리는 것보다 그때그때 표현하는 것이 건강한 분노 조절 방식입니다.

자신을 위한 선택을 할 때 죄책감이 따라온다면

수현(가명) 씨는 회사에서 승진 기회가 생겼을 때 고민에 빠졌습니다. 분명 능력도 있고, 그동안 열심히 일해온 결과

였습니다. 하지만 그녀는 망설였습니다.

"승진하면 더 바빠질 텐데, 가족들과 시간을 보내지 못할 것 같아요. 그리고… 동료들이 어떻게 생각할까요? 제가 너무 욕심쟁이는 아닐까요?"

수진 씨의 고민은 단순히 승진 문제가 아니었습니다. 자신을 위한 선택을 하는 것에 대한 깊은 죄책감이 자리 잡고 있었습니다. 착한 사람에게는 공통된 특징이 있습니다. 다른 사람을 먼저 생각하고, 자신의 욕구는 뒤로 미루는 것입니다. 이런 이타적인 성향은 분명 아름다운 것입니다. 하지만 때로는 자신을 지나치게 희생시키기도 합니다.

'내가 행복해지면 누군가는 불행해질까?', '내가 좋은 것을 가지면 다른 사람들이 상처받을까?', '나만 챙기는 것 같아서 미안해' 하는 생각들이 머릿속을 맴돕니다. 마치 행복이 제로섬 게임이듯, 내가 얻으면 누군가는 잃어야 한다고 여기는 것입니다. 하지만 이는 잘못된 믿음입니다. 당신의 행복이 다른 사람의 불행을 의미하지는 않습니다.

나를 위한 선택에서 오는 죄책감은 어디서 시작될까요? 대부분 어린 시절의 경험에서 비롯됩니다. "엄마가 힘든데 네가 그런 걸 원하면 어떡하니?", "다른 사람들도 생각해야지, 너만 생각하면 되니?", "착한 아이는 자기 것보다 남을 먼저 배려해야 해" 등의 메시지들이 반복되면서, 자신의 욕구를 솔직하게 표현하는 것이 이기적이고 나쁘다는 신념이 형성됩니다.

그 결과 어른이 되어서도 자신을 위한 선택을 할 때마다 죄책감에 시달리게 됩니다. 특히 한국의 집단주의 문화에서는 개인의 욕구보다 공동체의 화합을 중시합니다. 이런 문화적 배경이 개인의 행복 추구를 더욱 어렵게 하기도 합니다.

중요한 것은 '건강한 이기심'을 구분하는 것입니다. 건강한 이기심은 다른 사람을 해치지 않으면서 자신의 필요를 챙기는 것입니다. 이는 이기적인 것이 아니라, 자기 돌봄의 기본입니다. 비행기 안전 안내방송을 생각해보세요. "산소마스크가 떨어지면 자신이 먼저 착용한 후 다른 사람을 도와주세요"라고 합니다. 이는 이기적인 행동이 아닙니다. 자신이 먼저 안전해야 다른 사람도 도울 수 있기 때문입니다.

우리의 감정과 욕구도 마찬가지입니다. 자신의 필요를 충족시켜야 다른 사람에게도 진정한 도움을 줄 수 있습니다.

늘 고갈된 상태에서는 누구도 제대로 도울 수 없습니다.

나를 위한 선택을 하는 것은 결국 경계를 설정하는 것입니다. "여기까지는 할 수 있지만, 이 이상은 어렵다"라고 말하는 것입니다. 이런 경계 설정이 없으면 끝없이 자신을 소모하게 됩니다. 경계를 설정한다고 해서 냉정하거나 무정한 사람이 되는 것이 아닙니다. 오히려 더 건강하고 지속 가능한 관계를 만들 수 있습니다. 자신의 한계를 알고 솔직하게 표현하는 것이 진정한 성숙함입니다.

죄책감을 완전히 없앨 수는 없습니다. 하지만 죄책감과 건강하게 관계 맺는 법을 배울 수는 있습니다. 먼저 죄책감이 들 때 자신에게 물어보세요.

"이 죄책감이 정당한가?"

때로는 불필요한 죄책감일 수 있습니다. 자신을 위한 정당한 선택에 대해 느끼는 죄책감이라면, 그것은 단지 오래된 습관일 뿐입니다. 죄책감을 느끼더라도 선택은 유지하세요. 감정과 행동을 분리하는 것입니다. '죄책감이 들지만, 이 선택은 옳다'라고 인정하는 것입니다.

자기 돌봄은 이기심이 아니라 책임감입니다. 자신의 몸과 마음을 건강하게 유지하는 것은 의무입니다. 당신이 행복하고 건강해야 주변 사람에게도 더 좋은 영향을 줄 수 있어요. 늘 희생하고 참는 모습보다는, 자신을 소중히 여기며 균형을 잡아가는 모습이 더 좋은 본보기가 됩니다. 사람들을 사랑한다면, 자신도 그 사랑의 대상에 포함하세요. 자신에게도 타인에게 주는 것만큼의 친절과 배려를 베풀어야 합니다. 그것이 진정한 사랑의 완성입니다.

좋은 사람이라는 이미지에 갇히면

승연(가명) 씨는 10년 넘게 같은 직장에서 일하며 '완벽한 동료'로 불려왔습니다. 늘 웃는 얼굴로 인사하고, 누구든 도움을 요청하면 흔쾌히 응해주었습니다. 하지만 최근 들어 그녀는 숨이 막힐 것 같다고 호소했습니다.

"제가 한 번이라도 싫은 내색을 하거나 거절을 하면, 사람들이 '왜 저래?' 하며 실망할 것 같아요. 그런 시선을 견딜 자신이 없어요."

승연 씨는 '좋은 사람'이라는 타이틀 안에 스스로를 가둬 놓았습니다. 그리고 그 감옥의 열쇠를 다른 사람들에게 맡

겨버렸죠.

심리학에서 페르소나란 사회적 상황에서 보여주는 가면 같은 자아를 의미합니다. 우리 모두에게는 여러 개의 페르소나가 있습니다. 직장에서의 나, 가족 앞에서의 나, 친구들과 있을 때의 나가 모두 조금씩 다르죠. 문제는 '좋은 사람'이라는 페르소나가 너무 완벽할 때 발생합니다. 이 가면이 얼굴에 붙어서 떼어낼 수 없게 되는 것입니다. 그러면 진짜 감정을 표현할 공간이 사라집니다.

'항상 밝아야 해', '절대 화내면 안 돼', '모든 사람을 만족시켜야 해', '실수는 용납될 수 없어' 등의 내적 규칙들이 목을 조여옵니다. 마치 24시간 연기를 해야 하는 배우처럼, 잠시도 긴장을 늦추지 못하죠. 좋은 사람 이미지에 갇힌 사람은 독특한 특징을 보입니다. 타인의 기대를 자신의 정체성으로 착각하는 겁니다.

"저 사람은 원래 착해", "걱정할 필요 없어. 그 사람이 알아서 해줄 거야", "화낼 일이 있어도 이해해줄 거야"라는 말을 들을 때마다 기분이 복잡해집니다. 인정받는 것 같으면서도, 동시에 부담스럽습니다. 그 기대에 부응해야 한다는 압박감이 어깨를 짓누르죠.

더 큰 문제는 이런 기대가 내재화되면서 자신도 모르게 그 틀에 맞춰 살게 된다는 겁니다. 진짜 나의 욕구나 감정보다는 '좋은 사람이라면 어떻게 해야 할까?'를 먼저 생각하게 됩니다.

좋은 사람 이미지를 유지하려는 강박 뒤에는 종종 승인 중독이 숨어 있습니다. 다른 사람의 인정과 칭찬이 없으면 불안해집니다. 자신의 가치를 외부의 평가에 의존하는 겁니다. 승인을 받기 위해서는 계속해서 더 많이 베풀어야 합니다. 더 친절해지고, 더 희생하고, 더 완벽해져야 합니다.

이는 마치 마약과 같습니다. 처음에는 적은 양으로도 만족했지만, 점점 더 많은 양이 필요해집니다. 그런데 아이러니하게도, 이렇게 얻은 인정은 진짜 나에 대한 사랑이 아닙니다. 내가 연기하는 역할에 대한 호감일 뿐입니다. 그래서 아무리 많은 칭찬을 받아도 속은 공허합니다.

많은 사람이 오해하는 것이 있습니다. 완벽하게 좋은 모습만 보여줘야 사랑받을 수 있다고 생각하는 것입니다. 하지만 현실은 정반대입니다. 사람들은 완벽한 사람보다는 진솔한 사람에게 더 끌립니다. 가끔 실수하고, 때로는 화내고, 솔직하게 감정을 표현하는 사람이 더 매력적입니다. 왜냐하면 그런 모습에서 진짜 인간다움을 느끼기 때문이죠.

반대로 항상 완벽한 모습만 보이는 사람은 때로 부담스럽게 느껴집니다. '저 사람은 정말 화날 일이 없을까?', '항상 저렇게 밝을 수 있을까?' 하는 의구심이 들기 마련입니다.

불완전함의 아름다움

좋은 사람이라는 이미지에서 벗어나기는 쉽지 않습니다. 오랫동안 쌓아온 정체성을 바꾸는 일이기 때문입니다. 하지만 불가능하지는 않습니다.

첫 번째 단계는 자각입니다. 지금 내가 진짜 나를 표현하고 있는지, 아니면 남들이 원하는 모습을 연기하고 있는지 스스로에게 물어보세요. 하루 중에 얼마나 많은 시간을 '좋은 사람' 역할을 하며 보내는지 점검해보는 것입니다.

두 번째는 작은 실험입니다. 하루에 한 번씩 진짜 감정을 표현해보세요. "오늘은 좀 피곤해요", "그 제안이 조금 부담스럽네요", "지금은 도와드리기 어려워요" 같은 솔직한 표현을 시도해보는 겁니다. 놀랍게도 대부분의 사람은 이런 솔직함을 이해하고 받아들입니다. 오히려 더 편안하게 느끼기도 합니다.

완벽한 사람은 존재하지 않습니다. 우리는 모두 불완전한 존재이고, 그것이 바로 인간의 아름다움입니다. 실수하고, 감정이 올라오고, 때로는 이기적인 생각을 하는 것도 자연스러운 과정이죠. 좋은 사람이 되려고 노력하는 것은 분명 아름다운 일입니다. 하지만 그것이 나를 옭아매는 족쇄가 되어서는 안 됩니다.

진정한 좋은 사람은 자신에게도 친절한 사람입니다. 때로는 불완전한 모습을 보여주세요. 힘들 때는 힘들다고 말하고, 화날 때는 화를 내고, 거절할 때는 명확하게 거절하세요. 그런 당신의 모습을 사랑해주는 사람들이 진짜 당신을 아끼는 사람들입니다. 그들과 함께라면 더 이상 가면을 쓰지 않아도 됩니다.

화를 잘 내는 연습이 필요한 이유

화를 제대로 내지 못한다면, 정말로 '화내는 연습'이 필요합니다. 현우(가명) 씨는 아무리 억울한 일을 당해도 화를 내지 않았다고 합니다. 하지만 그는 최근 연인과의 관계에서 큰 어려움을 겪고 있었습니다.

"제가 아무 말도 안 하니까 여자 친구가 답답해해요. 네 생각이 뭔지 모르겠다, 정말 괜찮은 거냐? 계속 물어봐요. 저는 정말 괜찮다고 생각했는데… 알고 보니 그게 아니더라고요."

현우 씨에게는 감정 표현의 근육이 발달하지 않았습니다. 특히 부정적인 감정을 건강하게 드러내는 방법을 전혀 학습하지 못한 듯했죠. 감정도 근육과 같습니다. 몸의 근육을 사용하지 않으면 위축되듯이, 감정 표현도 마찬가지입니다. 화를 내지 않고 살다 보면 분노를 인식하고 표현하는 능력 자체가 약해집니다. 그러면 정작 화를 내야 할 상황에서도 어떻게 해야 할지 모르게 됩니다.

화내는 근육이 약한 사람의 특징을 살펴보면 다음과 같습니다. 화가 나는 상황에서도 "괜찮아요"라고 자동 반응합니다. 진짜 괜찮은지 아닌지 확인할 시간도 없이 습관적으로 넘어가는 것이죠. 자신의 감정이 무엇인지 즉시 파악하기 어려워합니다. 화인지, 슬픔인지, 실망인지 구분이 모호합니다. 불편함을 느껴도 그것을 언어로 표현하는 방법을 모릅니다. 그저 "뭔가 이상해요", "저도 왜 그런지 모르겠어요"라는 막연한 표현에 그치죠.

많은 사람이 오해하는 것이 있습니다. 화를 낸다는 것이 소리를 지르거나 물건을 던지는 일이라고 생각합니다. 하지만 건강한 화내기는 전혀 다릅니다. 건설적인 분노는 자신의 경계를 지키는 도구입니다. "이 정도면 충분해요", "더 이상은 받아들이기 어려워요", "이런 식으로 대하시면 기분이 좋지 않아요"라고 분명하게 선을 긋는 것입니다.

이런 분노는 관계를 파괴하지 않습니다. 오히려 더 진솔하고 투명한 관계를 만듭니다. 상대방도 내가 어디까지 괜찮고 어디서부터 불편해하는지 알 수 있게 되니까요.

작은 연습부터 시작하기

화를 잘 내는 것도 기술입니다. 마치 피아노를 치거나 수영을 배우듯이, 연습을 통해 늘어날 수 있는 능력입니다.

첫 번째 기술은 감정 인식입니다. 몸의 신호를 주의 깊게 관찰하세요. 목이 꽉 막히거나, 가슴이 답답해지거나, 주먹이 저절로 쥐어지는 순간을 놓치지 마세요. 이런 신체 반응이 화의 전조 증상입니다.

두 번째는 감정 명명하기입니다. "지금 나는 화가 났다", "이 상황이 불공평하게 느껴진다", "무시당한 기분이다"라고 구체적으로 표현해보세요. 감정에 이름을 붙이는 순간, 그 감정을 다룰 수 있게 됩니다.

세 번째는 타이밍입니다. 감정이 폭발하기 직전도, 너무 식어버린 후도 좋지 않습니다. 감정을 느끼되 이성적 판단이 가능한 순간을 찾으세요.

화내는 연습은 작은 것부터 시작해야 합니다. 갑자기 큰 일에서 화를 내면 오히려 역효과가 날 수 있어요. 일상의 사소한 불편함부터 표현해보세요. 연락도 없이 약속 시간에 늦은 친구에게 "늦는다고 미리 알려주면 좋았을 텐데…"라고 말하는 것부터 시작하는 겁니다. 거울 앞에서 연습하는 것도 좋은 방법입니다. "저는 생각이 조금 다릅니다", "그 부분은 동의하기 어렵네요"라고 자연스럽게 말할 수 있을 때까지요.

화내는 연습을 시작하면 예상치 못한 일이 일어날 수 있습니다. 주변 사람이 당황할 수도 있고, 자신도 익숙하지 않아 어색할 수 있죠. 이럴 때는 미리 설명하는 것이 도움이 됩니다. "요즘 내 감정을 더 솔직하게 표현하려고 노력하고 있어. 가끔 어색할 수도 있지만 이해해줘"라고 양해를 구하는 것입니다.

또한 화를 낸 후에는 반드시 점검하는 시간을 가지세요. '적절했나?', '상대방이 이해할 수 있게 표현했나?', '다음에는 어떻게 하면 더 좋을까?' 이런 질문을 통해 화내는 기술을 계속 발전시켜 나가는 겁니다.

화를 내지 않는 것이 평화로워 보일 수도 있습니다. 하지만 진정한 평화는 갈등이 없는 상태가 아니라 갈등을 건강하게 다루는 상태입니다. 적절하게 화를 내는 사람은 더 진솔한 관계를 맺습니다. 서로의 한계와 경계를 존중하며 솔직한 소통을 위해 노력하죠. 이런 관계에서 느끼는 친밀감과 신뢰는 표면적인 평화보다 훨씬 깊고 의미 있습니다.

화내는 연습을 통해 당신은 더 완전한 자신이 될 수 있습니다. 기쁨도, 슬픔도, 분노도 자연스럽게 표현하게 되죠. 연

습은 부끄러운 일이 아닙니다. 오히려 자신을 더 사랑하고
돌보려는 용기 있는 선택입니다.

4

좋아하는데 짜증 나,
화가 나는데 미안해

엄마의 잔소리가 가장 날카롭게 들리는 이유

"또 그 옷 입고 나가?"

같은 말이라도 타인이 하면 그냥 넘어가는데, 엄마가 하면 왜 이렇게 예리하게 가슴에 박힐까요. 낯선 사람이 내 옷차림에 대해 뭐라고 하면 '당신이 뭔데?'라고 생각하며 무시하지만, 엄마의 그 한마디는 하루 종일 마음을 무겁게 만듭니다.

사랑하기 때문에 더 많이 상처받는다는 건 정말 아이러니한 일입니다. 상담실에 오시는 많은 분이 엄마는 내가 세상에서 가장 사랑하는 사람인 동시에, 나를 가장 화나게 하는 사람이라고 고백합니다. 사랑이 깊을수록 기대치도 높아지기 때문일까요? '엄마라면 나를 이해해줄 거야', '엄마라면 내 편이 되어줄 거야'라는 무의식적 기대가 실망으로 돌아올 때의 충격은 상상 이상입니다.

우리는 사랑하는 사람에게 특별한 권한을 부여합니다. 나를 기쁘게 할 수도, 상처를 줄 수도 있는 특별한 자격을 주는 것이죠. 그래서 가장 사랑하는 사람의 말 한마디가 가장 아프고, 가장 사랑하는 사람에게만 유독 까칠해지는 것입니다. 특히 가족은 서로에게 더 많은 것을 기대하기 마련입니다. 혈연이라는 끈으로 연결되어 있으니까 당연히 나에게 관심을 가져야 한다고, 내 일을 챙겨야 한다고요.

서운한 마음이 드는 것은 역설적으로 그들이 내게 소중한 사람이라는 증거입니다. 정말 상관없는 사람이라면 관심을 기대하지도, 무관심에 상처받지도 않을 테니까요. 가족에 대한 기대와 실망은 그들과의 관계가 나에게 얼마나 중요한지를 보여주는 지표인 셈입니다. 갈등이 있다는 것은 서로에게 기대가 있다는 뜻이고, 그 기대는 관심과 애정에서 비롯되기 때문입니다. 이런 복잡한 감정을 인정하고 받아들일 때, 우리는 더 깊고 진실한 관계를 만들어갈 수 있습니다. 완벽한 조화가 아니라 갈등과 화해를 반복하며 성장하는 것, 그것이 진정한 사랑의 모습인지도 모릅니다.

화가 나지만 동시에 미안한 마음도 들어요

"남자 친구에게 화가 나는데, 동시에 너무 미안해요. 마음이 복잡하니까 더 짜증이 나요."

3년째 연애 중인 준호(가명) 씨와 수영(가명) 씨는 결혼을 준비하며 작은 일들로 자주 다투고 있었습니다. 하지만 수영 씨를 힘들게 하는 것은 화 자체가 아니라, 화가 난 후에 밀려오는 죄책감이었습니다.

"어제도 그 사람이 약속 시간에 30분 늦었어요. 연락도 없이요. 순간 너무 화가 났는데, 미안하다고 하니까 갑자기 제가 너무 예민하게 구는 것 같아서 미안해지더라고요."

수영 씨는 그가 늦는 것 자체보다는, '나를 소중하게 여긴다면 미리 연락해주지 않았을까?'라는 기대가 무너지면서 화가 났다고 했습니다. 하지만 화가 난 직후에는 '내가 너무 완벽함을 바라는 건 아닐까?', '사랑하는 사람한테 이렇게 화내는 내가 나쁜 사람인가?' 하는 생각이 밀려오면서 미안해졌다고 합니다.

그녀의 이야기를 더 들어보니 마음 깊은 곳에 '진정한 사랑은 갈등이 없어야 한다'라는 믿음이 자리하고 있었습니다. 드라마나 영화에서 보는 완벽한 연인처럼, 항상 서로를 이해하고 배려하는 관계를 꿈꿔온 것이죠.

"제가 화를 내면 우리 관계에 문제가 있나 싶어서 불안해져요. 다른 커플은 이런 일로 싸우지 않을 것 같은데, 저만 예민한가 싶고요."

하지만 현실의 사랑은 그렇게 완벽하지 않습니다. 아무리 사랑하는 사이라도 서로 다른 개체이기에 기대와 현실 사이에는 항상 간극이 존재합니다. 그 간극에서 생기는 감정인 실망, 화, 서운함 등은 관계가 잘못되었다는 신호가 아니라, 두 사람이 진짜로 가까워진다는 증거가 아닐까요? 사랑하는 사람에게 화가 나는 이유는 그들을 특별하게 여기기 때문입니다. 특별한 사람이니까 나도 특별하게 대해달라고, 더 많이 이해해달라고, 더 많이 배려해달라고 바라게 됩니다. 그 기대가 어긋날 때 느끼는 실망감이 바로 화의 정체예요.

　이런 감정을 느끼는 것 자체를 부정적으로 볼 필요는 없습니다. 사랑과 미움은 동전의 양면과 같아요. 사랑하지 않으면 미워할 이유도 없고, 미워할 만큼 깊이 관계하지 않으면 사랑할 이유도 없죠. 이런 양가감정은 우리의 마음에서 서로 다른 두 가지 욕구가 충돌할 때 생깁니다. 수영 씨는 자기 보호 욕구와 관계 보호 욕구 사이에서 충돌이 일어나고 있었습니다.

　'내 감정도 중요해, 존중받고 싶어' 하는 마음과 '우리 관계가 깨지면 안 돼, 내가 참아야지' 하는 마음이 같이 있는 것이죠. 그래서 정당한 화라고 생각하면서도 과도한 반응에 대한 걱정도 있었습니다. '늦는다고 연락도 안 하는 건 잘못된 거야'라는 생각과 '하지만 30분 늦었다고 이렇게 화내는 건 과하지 않을까?'라는 생각은 상반되기에 갈등이 생깁니다. 이런 내적 갈등으로 화가 나면서도 동시에 미안함을 느끼게 됩니다. 마치 감정의 가속페달과 브레이크를 동시에 밟는 것과 같다고나 할까요.

　상담 과정에서 준호 씨도 함께 참여하게 되었는데, 그의 이야기를 들어보니 또 다른 면이 보였습니다.

"수영이가 화를 내면 저도 당황스러워요. 미안하다고 사과는 하는데, 속으로는 이 정도로 그렇게 화낼 일인가 싶기도 하고요. 그런데 또 갑자기 미안하다고 하면 저도 혼란스러워져요. 뭐가 진짜 마음인지 모르겠거든요."

준호 씨의 혼란도 이해할 만했습니다. 수영 씨가 보내는 이중적인 신호 때문에 그도 어떻게 반응해야 할지 갈피를 잡지 못한 겁니다. 이럴 땐 양가감정에 숨겨진 진짜 메시지를 찾는 게 도움이 됩니다. 수영 씨의 양가감정에 숨겨진 메시지는 다음과 같은 것이었습니다.

'화가 나는 것'의 의미는 '나를 소중하게 여겨줘', '내 시간도 중요하다는 걸 알아줘', '우리 관계에서 서로 배려했으면 좋겠어'였죠. 또한 '미안하다는 것'의 의미는 '너를 사랑하는데 이렇게 화내서 미안해', '완벽하지 않은 나를 받아줘', '우리 관계가 상처받을까 봐 걱정돼'와 같은 마음이었습니다. 결국 수영 씨의 양가감정은 '사랑하는 사람과의 관계에서 자신의 욕구를 어떻게 건강하게 표현할 것인가'에 대한 고민이었습니다.

양가감정을 건강하게 다루는 방법

그렇다면 이런 상반된 양가감정을 어떻게 다루면 좋을 까요?

첫 번째는 감정을 판단하지 말고 인정하는 것입니다. '화가 나면서 동시에 미안한 이 감정이 이상한 게 아니구나'라고 받아들이는 것부터 시작하는 거예요. 복잡한 감정을 느끼는 것은 인간이라면 자연스러운 일입니다. 화가 나면서도 동시 에 미안한 마음이 드는 것, 이 두 감정이 모두 진짜입니다.

두 번째는 감정 뒤의 욕구를 파악하는 것입니다. 화의 뒤 에는 항상 충족되지 않은 욕구가 있습니다. 수영 씨는 '존중 받고 싶은 욕구'와 '소중히 여겨지고 싶은 욕구'가 있었습니 다. 이런 욕구 자체는 정당하고 건강한 것입니다.

세 번째는 완벽한 사랑에 대한 환상을 버리는 것입니다. 모든 연인 관계에는 갈등이 있습니다. 갈등 자체가 문제가 아니라, 갈등을 어떻게 다루느냐가 중요합니다. 화가 나는 것 도, 때로는 실망하는 것도 건강한 관계의 일부입니다. 가끔 화를 내고 다투는 것도 서로를 더 잘 알아가는 과정이에요.

네 번째는 솔직하게 감정을 표현하는 법을 배우는 것입니다. 양가감정을 느낄 때는 두 감정을 모두 솔직하게 표현하는 것이 도움이 됩니다.

"준호야, 늦는다고 연락하지 않아서 화가 났어. 동시에 내가 화내서 미안하기도 하고. 하지만 두 감정 다 내 진짜 마음이야. 앞으로는 늦을 때 미리 말해줄 수 있을까?"

수영 씨는 양가감정이 관계를 해치는 것이 아니라, 오히려 더 깊이 있는 소통을 가능하게 한다는 것을 배웠습니다. 준호 씨도 변화했습니다.

"수영이가 화를 내는 것도, 미안해하는 것도 모두 저를 사랑하기 때문이라는 걸 이해하게 됐어요. 이제는 수영이의 복잡한 감정을 있는 그대로 받아들이려고 해요."

양가감정은 불편하지만, 동시에 우리에게 소중한 것을 알려줍니다. 이 관계가 나에게 정말 중요하다는 사실이죠. 만약 상대방이 중요하지 않다면 화가 날 이유도, 미안할 이유도 없을 테니까요. 수영 씨는 마지막 상담에서 이렇게 말했습니다.

"이제는 제 복잡한 감정들이 미워지지 않아요. 이 모든 감정이 그를 사랑하는 마음에서 나온다는 걸 알거든요."

사랑하는 사람에게 화가 나면서도 동시에 미안함을 느끼는 것. 이것은 우리가 진정으로 깊이 있는 관계를 맺고 있다는 증거입니다. 완벽하지 않지만 진실한, 그래서 더욱 소중한 사랑의 모습입니다.

5

사랑에도
거리가 필요하다

너무 가까우면 보이지 않는 것들

동갑내기 커플인 민아(가명) 씨와 성호(가명) 씨가 상담실에 왔을 때, 두 사람의 관계는 겉보기에는 완벽해 보였습니다. 연애한 지 1년 반, 매일 만나고 모든 시간을 함께 보내며, 서로 없으면 안 되는 사이가 되어 있었죠.

"우리는 정말 잘 맞아요. 취미도 비슷하고, 생각하는 것도 비슷하고, 하루 종일 붙어 있어도 지루하지 않거든요."

민아 씨가 자랑스럽게 말했습니다. 성호 씨도 고개를 끄덕였어요.

"민아 없는 하루는 상상할 수 없어요. 아침에 눈 뜨면 민아 생각이 가장 먼저 나고, 잠들기 전까지 계속 함께 있고 싶어요."

하지만 그들이 상담실을 찾은 이유는 따로 있었습니다. 최근 들어 이유 없는 답답함과 피로감을 느끼고 있었고, 작은 일에도 예민하게 반응하게 되었다는 것이었죠.

사랑하는 사람과 오랜 시간을 보내고 싶은 마음은 자연스러운 것입니다. 하지만 모든 시간을 함께 보내는 것이 항상 좋은 결과만을 가져오는 것은 아니에요. 너무 가까이 있으면 오히려 보이지 않는 것들이 생기기 때문이죠.

두 사람은 연애 초기부터 거의 모든 시간을 함께 보냈습니다. 아침에 일어나면 서로에게 안녕 메시지를 보내고, 점심시간에는 만나서 식사하고, 퇴근 후에는 당연히 함께 저녁을 먹었습니다. 주말에는 아침부터 밤까지 붙어 있었고, 각자의 친구들을 만나는 시간도 점점 줄어들었습니다.

"처음에는 정말 행복했어요. 이렇게 좋은 사람을 만났다는 게 믿어지지 않았거든요."

하지만 시간이 지나면서 미묘한 변화들이 나타나기 시작했습니다. 함께 있는 시간이 당연해지면서 특별함이 사라졌고, 서로에 대한 새로운 발견도 줄어들었죠. 무엇보다 각자만의 공간과 시간이 사라지면서 개인으로서의 정체성이 흐려지기 시작했습니다.

많은 연인이 '우리는 하나', '우리의 만남은 운명'이라는 생각을 합니다. 이런 일체감은 사랑의 아름다운 면이지만, 동시에 위험한 착각이기도 합니다. 아무리 사랑하는 사이라도 각자는 독립된 개체이고, 서로 다른 생각을 하고 감정을 느끼는 별개의 존재이기 때문이죠.

민아 씨는 성호 씨와 함께 있는 시간이 늘어나면서 자신만의 취미나 관심사를 점점 포기하게 되었습니다. 원래 책 읽기를 좋아했지만, 성호 씨가 책에 별로 관심이 없다 보니 자연스럽게 읽는 시간이 줄어들었고, 친구들과의 모임도 남자 친구를 배려한다는 명목으로 자주 거절하게 되었습니다.

"성호가 심심해할까 봐 혼자 하는 일들을 점점 안 하게 되더라고요. 처음에는 배려한다고 생각했는데, 지금 생각해 보니 저 자신을 잃어버린 것 같아요."

성호 씨도 마찬가지였습니다. 원래 운동을 좋아했지만 민아 씨와 함께 보내는 시간을 늘리기 위해 헬스장 가는 횟수를 줄였고, 직장 동료들과의 회식도 자주 빠지게 되었습니다.

사랑하는 사람의 모든 것을 알고 싶어 하는 마음도 자연스러운 것입니다. 하지만 이런 욕구가 지나치면 상대방에게 부담이 될 수 있습니다. 더 나아가 자신도 모르게 상대방을 통제하려는 마음으로 발전할 수 있죠. 두 사람은 서로의 일정을 완전히 공유했습니다. 누구와 만나는지, 어디에 가는지, 무엇을 하는지 모든 것을 알고 있었습니다. 처음에는 이런 투명성이 신뢰의 표현이라고 생각했지만, 시간이 지나면서 감시받는다는 느낌이 들기 시작했습니다.

"성호가 회사에서 일어난 일을 자세히 물어볼 때마다 부담스러웠어요. 별로 중요하지 않은 일상적인 일들까지 다 얘기해야 한다는 압박감이 있었거든요."

성호 씨도 비슷한 경험을 했습니다.

"민아가 친구들과 대화한 내용까지 궁금해할 때가 있어요. 사랑해서 그런다는 걸 알지만, 가끔은 제가 비밀이 있어도 되는 사람인가 싶어져요."

개인의 경계선이 사라지는 순간, 화가 난다

건강한 관계에서는 각자의 경계선이 명확해야 합니다. 나는 나이고, 당신은 당신이라는 기본적인 구분이 있어야 합니다. 하지만 너무 가까운 관계에서는 이런 경계선이 흐려지면서 개인의 정체성이 위협받을 수 있습니다. 민아 씨는 어느 순간 자신이 무엇을 좋아하는지, 무엇을 원하는지도 모르게 되었다고 고백했습니다.

"성호 취향에 맞추다 보니 제 취향이 뭔지도 잊어버렸어요. 뭘 먹고 싶냐고 물어봐도 '네가 좋아하는 거'라고 대답하게 되더라고요."

이런 현상은 성호 씨에게도 나타났습니다.

"민아가 슬퍼하면 저도 슬프고, 민아가 화나면 저도 화가 나요. 민아의 감정이 제 감정처럼 느껴질 때가 있어요. 그런데 그게 사랑인 줄 알았는데, 요즘엔 좀 이상해요."

매일 같은 패턴으로 만나고, 같은 장소에서 같은 것을 하다 보면 관계가 예측 가능해집니다. 예측 가능함은 안정감을 주지만, 동시에 지루함과 매너리즘을 가져올 수도 있습니다. 두 사람의 일상은 거의 루틴처럼 정해져 있었습니다. 평

일에는 저녁 식사 후 성호 씨의 집에서 드라마를 보다가 민아 씨가 집에 돌아가고, 주말에는 쇼핑몰에 가거나 영화를 보는 것이 전부였습니다.

"언제부터인가 만나는 게 의무같이 느껴졌어요. 만나지 않으면 안 될 것 같고, 만나도 특별할 게 없고. 이런 저 자신이 나빠 보여서 더 우울해졌어요."

민아 씨의 솔직한 고백이었습니다. 사랑하는 사람과 닮아가는 것은 자연스러운 현상입니다. 하지만 지나치게 닮아가다 보면 각자의 개성이 사라질 수 있습니다. 그리고 개성이 사라진 관계는 더 이상 흥미롭지 않게 됩니다. 흥미롭지 않을 뿐만 아니라 분노의 대상이 되기도 하죠. 사랑한다고 해서 모든 시간을 함께 보낼 필요도 없고, 모든 것을 공유할 필요도 없습니다. 오히려 적절한 거리와 각자만의 공간이 있을 때 관계가 더 건강해지죠.

사랑에도 적절한 거리가 필요합니다. 너무 가까우면 보이지 않는 것이 있기 때문입니다. 상대방의 소중함, 자신의 개성, 관계의 특별함 같은 것들이죠. 한 발짝 물러서서 서로를 바라볼 때 화는 멀어지고, 사랑은 더욱 선명하게 보입니다.

적절한 거리두기의 기술

지나치게 가까운 관계보다 적절한 거리를 유지하는 관계가 건강합니다. 그렇다면 좋은 관계는 얼마나 가까워야 할까요? 연인, 가족, 친구, 그 누구와의 관계든 가까운 것이 좋은 것이라고 우리는 자주 생각합니다. '함께하는 시간', '서로에 대한 이해', '무조건적인 수용' 같은 말이 친밀함의 상징처럼 여겨지니까요. 하지만 이런 밀착된 친밀감이 오히려 분노와 갈등을 자주 불러올 수 있습니다.

심리학자 머리 보엔Murray Bowen은 '가족 체계 이론family systems theory'에서 '개인 분화differentiation of self'라는 개념을 제시했습니다. 이는 각 개인이 자기 감정을 타인의 감정과 구분 짓고, 자율성을 유지할 수 있는 능력을 뜻합니다. 분화가 잘 되어 있는 사람은 관계 속에서도 자신을 잃지 않고, 자신의 감정을 스스로 조절할 수 있습니다. 반면 분화가 낮은 사람은 타인의 감정과 행동에 쉽게 휘둘리고, 경계를 지키기 어렵습니다.

문제는 가까운 관계일수록 이 분화 능력이 시험에 들기 쉽다는 점입니다. '가까운 사이이니까 이해해주겠지', '내가 힘든데 왜 못 알아봐?' 같은 생각은 자연스럽게 생겨납니다. 이때 상대방의 감정과 나의 감정 사이의 경계가 흐려지면서, 작은 오해가 큰 상처로 확산되고, 잦은 충돌로 이어지는 것이죠.

사랑하지만 자주 다투는 연인, 서로를 아끼지만 자꾸 부딪히는 부모-자식 관계가 대표적입니다. 서로 너무 가까이 있어서 오히려 섬세하게 보이지 않는 감정의 파동이 있어요. '가까운 사이니까 말 안 해도 알겠지'라는 기대는, 종종 '왜 이것조차 몰라줘?'라는 실망으로 바뀌죠. 이런 상황이 반복되면 자연스럽게 분노가 쌓이고, 서로를 향한 피로감이 깊어집니다.

적절한 거리두기가 필요한 이유는 명확합니다. 거리가 있어야 경계가 생기고, 경계가 있어야 감정이 정리됩니다. 누군가의 말이나 행동에 바로 반응하기보다, 한 발 떨어져서 내 감정을 먼저 들여다볼 수 있는 여지가 생기기 때문이에요. 거리는 단절이 아니라, 정리의 공간이기도 합니다. 그 공간이 있어야 서로를 오해하지 않고, 각자의 입장을 재정비할 수 있어요.

예를 들어 연인 관계에서는 '모든 시간을 함께 보내야 진짜 사랑하는 사이'라는 생각보다는, 서로 각자의 시간을 갖고 다시 돌아오는 흐름이 더 건강합니다. 부부 관계 역시 '우리는 하나'라는 믿음 아래 모든 감정과 일정을 공유하려 하기보다는, 각자의 세계를 존중하고 존중받는 감각이 필요하죠.

가까운 사람에게 화가 잦은 이유는, 거리를 잘못 재기 때문입니다. 이 거리는 물리적인 거리일 수도 있고, 정서적인 거리일 수도 있어요. 상대방의 기분을 매번 챙기다 보면 내 감정은 뒤로 밀리게 되고, 나중에는 보이지 않는 피로감이 쌓입니다. 결국 '나는 늘 네 기분을 살피는데, 왜 너는 내 마음을 몰라줘?'라는 분노로 바뀌게 되죠.

그렇다면 우리는 관계 안에서 어떻게 건강한 거리를 만들 수 있을까요? 다음 질문을 스스로에게 던져보는 것으로 시작할 수 있습니다.

"지금 이 관계에서 내가 숨 쉴 공간은 충분한가요?"

"상대와 대화를 나누지 않아도 나만의 생각을 정리할 수 있는 시간이 있나요?"

"내 감정을 다루기 전에, 먼저 상대의 감정부터 챙기진 않나요?"

이 질문에 '아니오'가 많다면, 지금은 거리를 조금 조정해야 합니다. 일상에서 실천할 수 있는 거리두기의 기술은 생각보다 단순합니다.

첫째, 말과 침묵 사이의 여유를 확보하세요. 모든 감정은 바로 표현할수록 진심이 왜곡되기 쉬워요. 상대에게 바로 반응하기보다는 "지금은 내 감정을 먼저 정리하고 싶어요"라고 말하는 연습이 필요합니다.

둘째, 물리적 공간을 확보하세요. 같은 공간에 있어도 각자의 시간이 필요합니다. 같이 있으면서도 혼자 있고 싶을 수 있다는 사실을 서로 인정하는 것이 중요합니다.

셋째, '혼자 있고 싶다'라는 욕구에 죄책감을 느끼지 마세요. 사랑하는 사람과 거리를 두고 싶은 마음은, 그 사람을 멀리하고 싶어서가 아니라 더 잘 지키고 싶기 때문입니다. 거리가 있다는 건 사랑하지 않는 게 아닙니다. 오히려 거리를 조절할 줄 아는 사람이 사랑을 오래 지킬 수 있습니다. 우리는 너무 가까워서 상처를 주기보다는, 적당히 멀어져 서로의 감정을 존중해야 합니다. 사랑이 멀어지지 않도록 우리는 가끔씩 멀어져야 합니다. 그 거리가 나를 살리고, 관계를 지켜줍니다.

♠ 오늘 내가 화를 낸 가까운 사람은 누구인가요?

♠ 그 사람에게 어떤 기대가 있었나요?

♠ 나는 무엇에 대해 실망했나요?

상처 주는 사람들과 거리 두는 법

선을 그어야 관계가 정리되는 게 아니라,

선을 그어야 비로소 관계가 시작될 수 있습니다.

서로를 이해하기 위해 필요한 건 무한한 배려가 아니라,

분명한 경계 위에 세운 신뢰입니다.

선을 그었다고 그 사람이 나를 미워하거나

내가 나쁜 사람이 되는 게 아닙니다.

오히려 그 선은 '나는 나를 존중한다'라는 표시이고,

'당신도 나를 그렇게 대해주면 좋겠다'라는

소중한 초대입니다.

1
나를 긁고 가는
그 한마디

그 정도로 예민할 일이야?

"친구 사이에 그 정도 말도 못 해? 그걸로 화낼 거면 세상 어떻게 살아? 너 진짜 예민하다."

현주(가명) 씨는 고등학교 친구와의 관계에서 이런 말을 듣는 일이 반복된다고 했습니다.

"그 애가 툭 내뱉은 한마디가 제 안에 있는 어떤 오래된 감정을 건드렸다는 걸 몰라요. 그런데 더 답답한 건 저도 그걸 똑 부러지게 설명할 수 없다는 거예요."

현주 씨는 지난 일이라 괜찮다고 했지만, 참 이상하죠. 몸은 여전히 그 말을 기억하고 있다는 듯이 계속 긴장을 풀지 않고 있습니다. 그 친구의 말을 들은 후 어떤 생각이 들었냐고 물었습니다.

"내가 예민한 걸까? 내가 이상한 걸까? 자꾸 이런 생각이 들어요."

"그럼 현주 씨 자신이 정말 이상한 사람인가요?"

"아니요. 그런데 자꾸만 저 자신을 의심하게 돼요."

어떤 말은 우리를 아프게 합니다. 현주 씨가 친구의 말에 상처받은 이유는, 친구가 말로 상처를 줬다는 사실보다 자신이 상처받았다는 감정 자체가 무효화되었기 때문입니다. '예민하다'는 말은 종종 '그런 걸로 기분 상하지 마'라는 뜻으로 쓰이는데, 실제로는 '너의 감정은 틀렸다'라는 선언이기도 합니다.

말에 상처받은 사람이 잘못된 것처럼 몰아가는 말, 그게 바로 '예민하다는 말'의 정체입니다. 이런 말을 들을 때, 우리는 자주 침묵합니다. 상처받았다고 말할 용기가 없어서가 아닙니다. 말을 꺼내는 순간, 더 이상해지는 사람이 될까 봐 두려운 것이죠. 그래서 말문을 닫고, 감정을 접습니다. 하지만 그 감정은 사라지지 않습니다. 내면 어딘가에 차곡차곡 쌓여가죠.

'예민하다'라는 말은 감정을 표현하는 사람을 불안정한 사람, 까다로운 사람, 혹은 유난스러운 사람으로 낙인찍는 효과가 있습니다. 이 말의 무서운 점은 감정을 평가한다는 데 있습니다. 하지만 감정은 옳고 그름의 문제가 아닙니다. 그냥 '일어난 것'일 뿐이죠. 그럼에도 이 말은, 느낀 감정을 '틀린 감정'으로 만들어버립니다. 심리학에서는 이런 현상을 '감정의 무효화emotional invalidation'라고 부릅니다.

사실 이건 어릴 때부터 익숙하게 겪어온 감정일 수 있어요. "울 일 아니잖아", "엄마 속상하게 하지 마", "화를 내면 안 되지" 같은 말은 아이의 감정을 인정하기보다, 부모의 기준에 맞게 감정을 조정하라는 메시지를 줍니다.

이런 상황이 반복되면, 아이는 감정이 있어도 표현하지 않는 습관이 생깁니다. 슬픈데 웃고, 억울한데 괜찮다고 말하게 되는 거죠. 이렇게 감정을 읽고 표현하는 능력은 점점 흐려집니다. 그리고 어른이 되어도 여전히 그 훈련되지 못한 감정 표현 안에서 살아가게 되죠.

"내가 뭘 그렇게 잘못했는데?", "그냥 한 말인데, 왜 그렇게 받아들이는 거야?" 이런 말은 상처를 준 사람이 오히려 피해자인 듯 말합니다. 결국 이상한 사람은 감정을 느낀 쪽이 되죠. 그래서 우리는 늘 스스로를 의심하게 됩니다.

'내가 진짜 예민한가? 다른 사람들은 잘도 넘기던데, 왜 나만 힘들까? 역시 내가 좀 이상한가 봐.'

하지만 그건 감정의 문제가 아닙니다. 우리는 그저 존중받고 싶었을 뿐이에요. 내 감정이, 내 반응이, 그저 '존재하는 그대로' 존중받기를 바란 게 아닐까요? 감정이 상했을 때, 가장 큰 위로는 "그랬구나"라는 말입니다. 해결책보다 필요한 건 "그럴 수도 있지"라는 공감이에요.

하지만 현실은 정반대입니다. "그렇게 생각하지 마", "예민하게 굴지 마"라는 말에 결국 또 침묵하게 됩니다. 그러면서도 마음속은 점점 더 뒤틀립니다. "그 정도로 예민할 일이야?"라는 말은 단순한 한마디가 아닙니다. 감정을 자기 기준으로 재단하고 지워버리는 태도입니다. 감정을 불편하게 여기고, 없애버리려는 말이기도 하죠.

하지만 감정은 억누를수록 더 크게 터지고 맙니다. 표현되지 않은 감정은, 마음속에 고여 있다가 더 큰 감정으로 터져 나옵니다. 그렇기에 우리는 내 감정을 더 이상 무시하지 않는 연습이 필요합니다. '내가 너무 예민한가?' 하고 의심하는 대신, '내가 지금 상처받았구나' 하고 자신의 감정을 인정하는 것부터 시작해야 합니다.

예민하다는 건 결코 잘못이 아닙니다. 오히려 예민함은 '지금 여기가 불편하다'라는 감정의 경고음일 수 있어요. 문제는 그 경고음을 들으려 하지 않는 태도죠. 모든 감정은 정당합니다. 감정은 판단이 아니라 반응이니까요.

무심한 말에 오래 머무르는 이유

말 한마디가 마음속에 박혀서 며칠씩, 길게는 몇 년 동안 떠나지 않을 때가 있습니다. 욕설도 아니고, 노골적인 비난도 아니지만, 그 말이 낯설게 아프게 다가오죠. 상대는 이미 잊었을 말인데, 나는 그 안에 머물러버립니다. 왜 이런 일이 생기는 걸까요? 그 말 때문일까요? 사실은 그렇지 않을지도 모릅니다.

우리의 반응은 '그 말'에만 있는 것이 아니라, 그 말을 들었을 때 몸이 먼저 반응한 기억에 있습니다. 뇌과학에서는 이것을 '감정 기억emotional memory'이라고 합니다. 감정은 뇌의 '편도체'라는 부위에서 아주 빠르게 반응합니다. 편도체는 이전에 겪은 불쾌한 경험, 위협, 수치심 같은 감정을 기억하고 있다가, 비슷한 상황이 닥치면 생각보다 먼저 몸을 긴장시키고 감정을 호출합니다.

그 한마디가 꼭 과거에 들은 어떤 말, 어떤 상황과 연결되어 있다면 몸은 이미 그때의 기억으로 돌아가버리는 거예요. 그래서 누군가가 툭 던진 말이, 나만 아프게 들리는 이유는 '나의 과거'에 있습니다. 지금 이 상황이 너무나 비슷하게 느껴졌기 때문에, 감정이 도미노처럼 반응한 거죠. 그 한마디가 나를 자극한 것이 아니라, 내 안에 남아 있던 감정이 그 말을 통해 깨어난 것이라고 보는 편이 더 정확할지도 모릅니다.

예를 들어볼까요. 어릴 적 부모에게 "넌 왜 그렇게 말이 많니?"라는 편잔을 자주 들은 사람은, 성인이 되어 친구에게 "너 요즘 말이 좀 많아진 것 같아"라는 말을 들었을 때, 필요 이상으로 상처받을 수 있습니다. 친구는 정말 아무 의도 없이 말했지만, 그 말은 내가 누르고 눌러온 감정을 불쑥 끌어올리는 촉발제가 되어버리는 거죠. 이럴 때, 현재의 감정은 '그 말' 자체보다 그 말이 내 안의 해소되지 않은 기억과 만나서 만들어낸 반응입니다.

그래서 누군가는 쉽게 넘길 수 있는 말도, 어떤 이에게는 너무 아프게 남습니다. 감정이 '과잉 반응'하는 것이 아니라, 미처 정리하지 못한 감정이 아직 그 자리에 있었을 뿐입니다. 더 복잡한 건, 그 말을 곱씹으면 자꾸만 '다른 의미'를 덧붙이게 된다는 점입니다. 처음엔 단지 '그 말이 기분 나빴다'라는 감정이었지만, 곧 이런 생각들이 따라붙죠.

'그 사람은 나를 무시한 거야.'

'내가 평소에 싫었던 게 아닐까?'

'그 말을 일부러 골라서 했나?'

'생각의 해석'이 감정을 증폭시키는 구조를 갖게 되어 인지 왜곡 또는 해석의 오류가 생깁니다. 감정은 순식간에 경험되지만, 그 뒤에 따라오는 생각들이 감정을 더욱 짙게, 무겁게 만들죠. 결국 말의 의미보다 내가 어떤 의미를 부여했느냐가 상처의 크기를 결정하기도 합니다. 그래서 중요한 건, 이런 말을 들었을 때 감정을 무시하지 않되 '내가 지금 어떤 감정에서 이 반응을 하는지' 살펴보는 일입니다. 그 말 자체보다 내 안의 반응에 주목하는 거죠.

그리고 '과거의 감정'과 '지금의 나'를 분리하는 연습이 필요합니다. "그 사람이 나를 미워해서 그랬나?"가 아니라 "그 말이 왜 이렇게 아프게 들렸을까?"라고 자문해보고, 그 한마디가 내게 어떤 감정의 잔재를 건드렸는지 떠올려보는 겁니다.

말은 물처럼 지나가는 것 같지만 한마디 말에 마음이 긁혀 오래 기억에 남는 이유는, 우리 마음 안에 여전히 지워지지 않은 흔적이 있기 때문입니다. 상대의 말 한마디를 쉽게 잊지 못하는 나를 이상하게 여기지 않아도 됩니다. 대신 이렇게 묻는 겁니다.

"왜 나는 이 말에 머무르게 되었을까?"

그 질문은 감정을 지우기 위한 것이 아니라, 그 감정을 이해하고 통과하기 위한 질문이니까요.

말의 가시에 찔리지 않는 법

툭 던진 말 한마디에 하루가 엉망이 되고, 무심한 말투 하나에 자존감이 흔들리나요? 누군가에게는 가벼운 대화였겠지만, 나에겐 가시처럼 박히는 말이었나요? 그럴 때마다 마음속에서 '왜 저 말에 또 이렇게 흔들릴까?', '내가 너무 약한 걸까?' 이런 말이 떠오르나요? 그렇지 않습니다. 우리는 약한 게 아니라, 그냥 사람일 뿐입니다. 사람은 누구나 말에 아파하고, 말에 기뻐하고, 말에 상처받도록 만들어졌습니다. 우리는 말을 통해 연결되기도 하지만, 동시에 말을 통해 가장 쉽게 무너지는 존재이기도 하죠.

중요한 건 그 말에 계속 찔리며 살아가지 않기 위한 방법을 갖는 일입니다. 감정이 요동칠 때도 나를 중심에 붙잡아두는 기술이 필요하죠. 첫 번째 기술은 감정 분리emotional distancing, 곧 심리적 거리두기입니다.

감정 분리는 억지로 감정을 억누르는 게 아닙니다. 오히려 감정을 더 정확하게 바라보는 것이죠. '지금 이 말이 나를 흔들고 있다'는 사실을 알아차리는 것, 그리고 그 감정을 마치 내가 들여다보는 바깥의 풍경처럼 바라보는 연습입니다. 예를 들면 이런 거예요.

'아, 내가 지금 저 말에 자존심이 상했구나.'

'지금 내 마음속에 화가 올라오고 있네.'

'이 감정은 내 마음을 보호하려는 반응이구나.'

이렇게 감정을 곧바로 반응하지 않고 바라보는 연습을 하면, 말의 가시에 찔리는 빈도가 줄어듭니다. 가시는 사라지지 않지만, 내가 걸어가는 방식이 달라지죠.

두 번째 기술은 의도를 확대해서 해석하지 않는 것입니다. 우리가 말에 잘 찔리는 이유 중 하나는, 그 말의 진짜 의도 이상을 추측하고 상상하기 때문입니다. "그냥 그렇게 말한 거야"라는 상대의 말을, '날 무시했어', '기분 나쁘라고 일부러 그런 거야'라고 해석하면 감정은 걷잡을 수 없이 흘러갑니다. 물론 때로는 상대가 진짜 선을 넘었을 수도 있죠. 하지만 그걸 파악하기 위해선, 내 감정과 상대의 말 사이에 여지를 두는 연습이 먼저입니다. 그 여지를 만들기 위해 가장 효과적인 질문은 이것입니다.

"혹시 내가 이 말에 반응하게 된 이유가, 내 안의 다른 감정 때문은 아닐까?"

이 질문 하나만으로도 감정의 파고에서 한 걸음 물러날 수 있습니다. 그 거리만큼 말은 더 이상 날카로운 무기가 아니라 생각해볼 수 있는 문장이 됩니다.

마지막으로 가장 중요한 세 번째 기술은 '어떤 말도 내 가치 자체를 흔들 수 없다'라는 믿음을 갖는 일입니다. 우리는 왜 그토록 말에 약한 걸까요? 자기 가치의 무게를 남의 말에 의지하기 때문입니다. "잘했어"라는 칭찬 한마디에 기분이 붕 떠서 날아오르다가도 "그게 뭐야"라는 한마디에 바닥까지 떨어진다면, 감정의 주도권을 완전히 타인에게 넘긴 셈이 됩니다.

모든 말에 무뎌지라는 뜻은 아닙니다. 때로는 말에 상처받을 수 있습니다. 하지만 그 말 때문에 내 존재의 중심이 흔들려서는 안 됩니다. 그럴 땐 속으로 이렇게 말해보세요.

"그건 당신의 의견이고, 나는 나의 존재로 충분해."

어떤 한마디 말은 우리 마음을 흔들 수 있지만, 내가 누구인지는 내가 정하는 것입니다. 세상은 말로 이루어진 관계들로 가득합니다. 그 말들 가운데 어떤 건 칭찬이고, 어떤 건 충고이고, 또 어떤 건 몰래 숨은 비난일 수도 있습니다. 그 모든 걸 다 피할 수는 없겠죠. 하지만 적어도 내 마음에 어떤 말이 들어오게 둘지는 내가 선택할 수 있습니다.

누군가 던진 말의 가시는 앞으로도 계속 우리를 향해 날
아들 겁니다. 하지만 그 가시에 찔릴지 말지는, 어떻게 나 자
신을 지키느냐에 달려 있습니다. 말보다 더 강한 건 내가 나
를 바라보는 방식이니까요.

2

반복되는 부정적 관계
패턴에서 멀어지기

왜 늘 비슷한 사람에게 끌릴까?

"이번엔 다를 줄 알았는데… 또 같은 잘못을 반복하고 말았어."

누구나 한 번쯤은 이런 생각을 해본 적이 있을 겁니다. 이번엔 괜찮을 줄 알았는데, 이번엔 다를 줄 알았는데, 결국은 또 상처받은 관계로 끝나고 맙니다.

상대는 매번 달라 보였고, 처음엔 좋은 사람이었습니다. 그런데 시간이 지날수록 늘 비슷한 갈등이 반복되고, 결국은 익숙한 외로움과 분노만 남게 됩니다. 이건 우연일까요? 아니면 내 안에 반복되는 감정의 패턴이 있는 걸까요? 우리 안에는 과거의 감정과 관계를 무의식적으로 반복하려는 경향이 있습니다. 심지어 그 기억이 고통스러운 것이었어도 말이죠.

예를 들어 어린 시절 부모에게 충분히 인정받거나 사랑받지 못한 사람은 커서도 '나를 인정해주지 않는 사람'에게 이상하게 끌립니다. 그리고 다시, 그 사람에게 인정받기 위해 노력하죠. 그렇게 과거에 해소되지 않은 감정을 현재의 관계를 통해 되풀이하려는 것입니다.

이건 사랑이 아니라, 일종의 심리적 미완성 과업입니다. 과거의 장면을 현재에서 다시 연출해, 이번엔 다른 결말을 기대하는 것이죠. 하지만 대부분 결말은 같거나 더 아프게 끝납니다.

내가 자꾸 비슷한 사람에게 끌리는 이유는, 그 사람이 '좋은 사람'이기 때문이 아니라 내가 익숙한 감정을 느끼게 해주는 사람이기 때문입니다. 익숙함은 안심을 주고, 낯섦은 경계를 일으키니까요. 사랑이든 우정이든, 관계 초반에는 무의식이 빠르게 작동합니다. '왠지 모르게 끌려', '말 안 해도 통하는 느낌이 있어'라는 마음이 들면서 금방 사랑에 빠지죠.

그 사람이 특별해서라고 생각하지만, 사실은 나의 감정 기억과 연결되는 부분이 있어서 그런 경우가 많습니다. 그 느낌이 때로는 너무 익숙하고 편안해서, 오히려 나중엔 똑같이 실망하게 되는 거죠. 이 패턴을 바꾸려면 어떻게 해야 할까요?

첫 번째는 반복되는 감정의 '느낌'을 정확히 인식하는 것입니다. 비슷한 장면, 비슷한 대화, 비슷한 무기력함이 찾아왔을 때, 그냥 넘기지 말고 스스로에게 물어보는 겁니다.

"이 감정, 어디서 느껴본 적 있지 않나?"

"이 상황, 예전에도 반복됐던 거 아닌가?"

이 질문 하나만으로도 무의식의 회로를 의식 위로 끌어올릴 수 있습니다.

두 번째는 익숙함에 끌릴 때 경계하는 습관을 들이는 겁니다. '왠지 끌리는 사람'은 곧 '익숙한 감정을 불러오는 사람'일 수 있습니다. 처음부터 너무 빨리 친밀해지는 관계, 말 없이도 통하는 느낌, 이런 관계일수록 천천히 관찰해야 합니다.

진짜 건강한 관계는 처음부터 불꽃이 튀기보다는 조금

낯설고, 조심스럽고, 배워가는 관계일 수 있습니다. 그게 낯설게 느껴진다면, 지금까지 너무 익숙한 고통만 반복해왔다는 뜻일지도 모르죠. 자꾸만 같은 결말을 향해 가는 관계에는 내 안에 해결되지 않은 감정이 들어 있습니다. 그 감정을 제대로 들여다보지 않으면, 다음 사람도 결국 비슷한 역할을 하게 될 가능성이 높습니다.

반복되는 건 우연이 아닙니다. 우리 마음이 보내는 해결되지 않은 이야기의 반복입니다. 이제는 그 이야기를 누군가에게서 다시 쓰게 하지 말고 나 스스로가 마무리 지을 차례가 아닐까요?

나를 작아지게 만드는 관계

평소엔 괜찮은데, '그 사람'만 만나면 이상하게 작아지는 내 모습이 낯설게 느껴질 때가 있나요? 그 사람 앞에만 서면 괜히 말이 줄고, 목소리가 작아집니다. 하고 싶은 말을 삼키고, 웃고 싶지 않아도 웃게 되죠.

'내가 왜 이러지?'

'원래 이런 성격이 아닌데…'

하지만 그건 성격의 문제가 아닙니다. 그 관계 안에서만 유독 그렇게 되는 이유가 있는 거예요. 어쩌면 그 관계는 이미 감정적으로 위계를 만들어놓았을지도 모릅니다. 심리학에서는 이런 관계를 '감정적 위계emotional hierarchy'가 작동하는 관계라고 설명합니다. 쉽게 말해 어느 한쪽이 항상 위에 있고, 한쪽은 아래에 있는 구조예요.

이 위계는 눈에 보이지 않지만, 말투, 분위기, 대화의 방향, 심지어 침묵 속에서도 은근히 드러납니다. 예를 들어 상대는 늘 말이 단정적이고, 나는 설명하느라 바쁩니다. 상대는 가끔 나를 무시하거나 농담처럼 선을 넘는데, 나는 그걸 "기분 나빴다"라고 말하지 못합니다. 이런 상황이 반복되면, 점점 말수가 줄고 표정이 경직되고 나 자신이 점점 작은 존재처럼 느껴집니다. 그러다 보면 '그 사람이 나를 작게 만든다'라고 느끼게 되죠.

하지만 더 깊이 들어가 보면, 그 위계 구조를 유지하게 만든 내 마음의 작동 방식도 함께 들여다봐야 합니다. 많은 경우, 우리는 그 사람에게서 '인정'을 받고 싶어 합니다. 그 사람이 좋아해주길 바라고, 실망하지 않길 바라고, 실수하지 않길 바라는 거죠.

이런 욕구는 자연스럽지만, 지나치면 나를 잃게 만듭니다. 자꾸 눈치를 보고, 비위를 맞추고, 내 감정은 접어두니까요. 결국은 이렇게 됩니다.

'그 사람과 함께 있는 나는 진짜 내가 아닌 것 같아.'

그리고 '그런 나'가 점점 당연해지면, 스스로도 내 존재감을 줄이게 되는 함정에 빠집니다. 그렇다면 어떻게 해야 할까요?

첫 번째는 관계에서 느끼는 내 감정의 변화를 정확히 인식하는 것입니다.

"그 사람과 있을 때 나는 어떤 감정이 드는가?"

"긴장하는가, 편안한가?"

"나는 자주 설명하게 되는가, 아니면 받아들여지는가?"

이 질문들은 관계의 구조를 파악하는 데 중요한 힌트를 줍니다.

두 번째는 '나를 작게 만드는' 말과 행동을 구체적으로 인식하는 것입니다. 상대가 어떤 말이나 행동을 했을 때, 내가 왜 위축됐는지, 그 안에 들어 있는 '암묵적 메시지'는 무엇이었는지 관찰하는 거예요. 예를 들어 "그건 네가 잘 몰라서 그래"라는 말은 지식의 위계를 만드는 말입니다. "그건 네 성격 때문이잖아"라는 말은 감정의 책임을 넘기는 말이죠. 그 말들을 그냥 넘기지 않고, '그 말이 나를 어떻게 작게 만들었는지' 파악하는 것이 시작입니다.

그리고 마지막으로 가장 중요한 건, 그 관계에서 내가 왜 그렇게까지 인정받고 싶어 했는지 스스로 묻는 것입니다. 그 사람의 시선이 왜 그렇게 중요했을까요? 왜 나는 그 관계에서만 자꾸 나를 감추고 맞추려 했을까요? 혹시 과거 어딘가에서, '존중받기 위해서는 맞춰야 한다'라는 메시지를 학습해온 건 아닐까요?

그렇다면 이제 그 배운 감정을 업데이트할 때입니다. 모든 관계에서 대등할 필요는 없지만, 한쪽이 계속 작아져야 유지되는 관계는 건강하지 않습니다. 작아지면서까지 붙잡아야 하는 관계라면, 그건 관계가 아니라 감정적 생존에 가까운 의존일 수 있습니다.

그 사람은 내 가치를 정할 수 없습니다. 나는 그 사람 앞에서 작은 사람이 아니라, 그 사람이 보지 못하는 나의 큰 부분을 지금까지 숨기고 있었을 뿐입니다. 이제는 그 감정을 꺼내놓아야 할 때입니다. 작아지지 않아도 괜찮은, 나로서 있을 수 있는 관계를 선택할 자격이 우리에겐 있습니다.

안전하지 않은 관계를 끊어내는 법

"그래도 나쁜 사람은 아니에요. 저한테만 그런 게 아닐 거예요. 이번엔 다를 수도 있어요."

수민(가명) 씨는 상대의 말과 행동에 수없이 상처받으면서도 관계를 끊지 못하고, 다시 기대하고, 또 실망했습니다. 상대를 붙잡는 말이 아니라 자신의 마음을 붙잡기 위해서 하는 말이었죠. 매번 상처를 받으면서도 왜 그 사람과 헤어지지 못했을까요? 관계를 끝내는 게 두려워서였습니다. 상처보다 더 무서운 건 혼자가 되는 것이었으니까요. 어느 날은 이런 말도 했습니다.

"선생님, 저 이번엔 진짜 헤어질 거예요. 만나고 나면 늘 지쳐요. 이젠 너무 피곤해요."

하지만 정작 그 관계를 끊으려 하면 머뭇거렸습니다. 심지어 더 큰 죄책감을 느끼기도 했어요.

"제가 너무 예민한지도 모르잖아요. 지나치게 냉정하게 선을 그은 건 아닐까요?"

수민 씨의 이런 감정은 단순한 미련이 아닙니다. 그 관계 안에 자신의 일부를 걸어두었기 때문이죠. 자존감, 인정 욕구, 외로움, 혹은 과거의 감정까지요. 마음의 여러 조각이 이미 그 관계에 얽혀 있어 쉽게 정리되는 관계라면, 어떻게 해야 할까요? "내가 예민한 게 아닐까?"라는 질문을 다음과 같이 바꿔야 합니다.

"이 관계가 나를 얼마나 외롭게 만드는가?"

"이 관계에서 나는 나답게 말하고 행동할 수 있는가?"

"나는 이 사람 앞에서 쉽게 안심하는가, 아니면 항상 긴장하는가?"

이 질문들에 '아니오'라는 답이 반복된다면, 그 관계는 이미 내가 지켜야 할 자신보다, 잃고 있는 것이 더 많다는 신호일지 모릅니다. 심리적 안전감psychological safety이 낮은 관계니까요.

심리적 안전감이란, 말 그대로 있는 그대로의 나로 있을 수 있는 감정적 여유와 보호막입니다. 만나면 마음이 조이는 관계, 말 한마디를 조심하게 되는 관계, 항상 해석하고 눈치를 살펴야 하는 관계는 안전하지 않은 것입니다.

그건 '나쁜 관계'가 아니라 불안한 관계입니다. 그리고 불안한 관계는 결국 나를 더 많이 닳게 만듭니다. 그렇다고 무조건 끊으라는 뜻은 아닙니다. 중요한 건 끊을 수 있는 마음의 연습부터 시작해야 한다는 것입니다. 끊는다는 건 단절이 아니라, '나를 지키겠다'는 의지의 표현입니다. 관계를 끊는 게 이기적인 것이 아니라, 나의 존엄을 회복하는 방법일 수 있습니다.

그 연습은 이렇게 시작해봅시다. 첫 번째는 그 사람이 나를 대하는 방식이 변하지 않을 수도 있다는 사실을 인정하는 것입니다. 두 번째는 지금까지 그 관계 안에서 내가 얼마나 노력해왔는지 스스로 인정하는 것입니다. 세 번째는 내가 떠나도 괜찮다는 문장을 마음속에 천천히 써보는 것입니다.

"이 관계 없이도 나는 괜찮아질 수 있어."

"이제는 나를 더 이상 해치는 자리에 머물지 않아도 돼."

이런 마음의 문장을 자꾸 되뇌다 보면, 두려움이 조금씩 줄고, 내 편에 서는 감정이 자라기 시작합니다.

관계를 끊는 건 실패가 아닙니다. 때로는 그것이 가장 용기 있는 선택이기도 하죠. 모든 사람과 끝까지 함께할 필요는 없습니다. 모든 관계가 오래가야 하는 것도 아니고요. 내가 더 이상 나답지 않은 관계라면, 상처를 참으며 버티는 것보다 상처를 마주하고 나오는 쪽이 더 건강한 선택일 수 있습니다. 관계를 끊는 건, 그 사람을 포기하는 게 아니라 나를 포기하지 않기로 결심하는 일입니다.

3

나만 나쁜 사람이
되는 것 같다면

자기 감정을 무시하게 될 때

"분명 뭔가 불편했어요. 상대의 말이 너무 날카로웠고, 상황도 억울했죠. 그런데 시간이 지나면, 이상하게 생각을 바꿔요. 제가 괜히 오해했을 수도 있다고요."

승현(가명) 씨는 타인과의 관계에서 자신의 감정을 문제삼는 일이 많았습니다. 불쾌감을 느낀 일이 있어도 나중엔 결국 그 감정을 느낀 자신을 의심했죠. 이렇게 자기 감정을 무시하는 게 습관이 되면 자신이 틀렸다고 생각하게 됩니다. 자기 감정을 느끼고 표현하는 순간, 바로 그 감정을 스스로 깎아내리는 거죠. 왜 이런 습관이 생긴 걸까요?

승현 씨는 감정을 있는 그대로 인정받지 못한 경험이 많았습니다. 어릴 적부터 "그건 네가 예민해서 그래", "다른 애들은 잘만 하는데 넌 왜 그래?"라는 말을 들으며 자랐기에 어른이 된 후에도 자신의 감정을 검열하게 된 것이죠. 말투가 불친절한 상사, 무심한 친구, 기분 나쁜 농담을 던진 연인과 있을 때, 그 순간엔 분명 불쾌했는데 돌아서서는 자신을 설득했습니다.

"그 사람은 그런 의도가 아니었을 거예요. 그 정도는 그냥 넘길 수 있는 일이죠."

한두 번은 이렇게 생각할 수 있지만 반복해서 같은 방식으로 반응하다 보면, 감정은 표현되지 못하고 마음속에서 부풀어 오릅니다. 그러다 결국 엉뚱한 순간에 터져버리죠. 이런 감정의 억눌림 뒤에는 관계가 어그러질지도 모른다거나 화내면 내가 나쁜 사람이 된다는 두려움이 숨어 있습니다. 그래서 감정보다 관계를 택하고, 표현보다는 침묵을 선택하게 되는 거죠.

하지만 꼭 기억해야 할 사실이 하나 있습니다. 감정을 느끼는 것과 감정을 표현하는 방식은 다르다는 겁니다. 내가 화를 느낀다고 해서 곧바로 상대를 공격하거나 관계가 망가지지는 않습니다. 문제는 감정을 무시하고 덮을 때 생기는 이상한 거리감입니다. "괜찮아"라고 말하지만, 표정은 딱딱하고 마음속에는 그 감정이 계속 쌓이니까요.

자신의 감정을 의심하지 않기 위한 첫걸음은 '이 감정을 느끼는 데는 이유가 있다'라고 인정하는 것입니다. 그게 불쾌함이든 억울함이든 서운함이든 내 감정은 일어난 것이고, 그건 무시해서 사라질 수 있는 게 아닙니다. 때로는 '내가 왜 이 기분인지 모르겠어'라고 느껴도 괜찮습니다. 이해되지 않더라도, 감정은 존재하는 것으로 충분하니까요.

두 번째는 '예민하다'라는 말을 다시 정의하는 것입니다. 예민하다는 건, 감정에 예민한 게 아니라 자기 감각에 민감하다는 뜻입니다. 다른 사람이 느끼지 못하는 불편함을 먼저 감지하는 능력이죠. 그건 약점이 아니라, 자기 보호의 기술일 수도 있습니다. '내가 또 예민해졌나?'라는 생각이 들 때마다 이렇게 되물어보세요.

"지금 내가 느끼는 이 불편한 마음은 내 마음이 나를 보호하려고 보내는 신호 아닐까?"

내 안의 감정을 무시하지 않고 돌보는 것은 적극적으로 자신을 사랑하는 방법입니다.

화낸 내가 더 미안해지는 심리

살다 보면 화를 낼 만한 상황이 생깁니다. 기분이 상할 만도 했고, 서운함도 참았지만 터지고 마는 일도 있죠. 하지만 터뜨리고 난 후엔 마음이 이상해집니다. 잠깐은 후련했지만, 그다음엔 죄책감이 밀려오죠.

우리는 화를 내는 사람보다, 화를 참는 사람에게 더 높은 도덕성을 부여하는 사회에서 자라왔습니다. 감정을 참는 게 어른스러운 일처럼 여겨졌고, 화를 표현하는 건 '감정에 휘둘리는 미성숙한 행동'처럼 보였으니까요. 그래서 어떤 감정이든 표현하고 나면 어딘가에서 '미안해야 할 것 같은 마음'이 따라붙습니다. 이런 반응은 단순히 착한 성격의 문제가 아닙니다. 그 뒤에는 오랜 시간 길든 자기 감정에 대한 불신과 억제의 역사가 숨어 있죠. 어릴 때 감정을 표현하고 나서 이런 말을 들어본 적 있으신가요?

"말을 그렇게 하면 누가 듣고 싶겠니."

"화를 내지 말고 차분하게 말해야지."

"그렇게 짜증 내면 안 예뻐."

이런 말들은 겉보기에 타당해 보이지만, 사실은 감정 그 자체가 잘못됐다는 인식을 주입합니다. 그래서 우리는 점점 '이 감정을 표현하면 안 되겠구나', '화를 내면 사랑받을 수 없겠구나'라는 믿음을 갖게 되죠. 그 믿음은 자라면서도 사라지지 않습니다. 직장에서, 친구 사이에서, 연인과의 관계에서도 감정을 표현한 뒤에는 이상하리만치 '내가 너무 심했나?'라는 자기 검열이 따라붙습니다.

하지만 여기엔 중요한 착각이 하나 있습니다. 화를 낸다고 해서 내가 틀린 건 아니라는 사실입니다. 감정은 정당하지만, 방식은 조율할 수 있어요. 곧 감정을 표현하는 '방법'이 서툴렀을 수는 있지만, 그 감정을 느꼈다는 '사실' 자체는 잘못이 아니라는 거죠.

화를 내고 미안해지는 사람은 대부분 타인의 감정에 민감하고, 관계를 중시하는 사람입니다. 그만큼 상처를 주고 싶지 않고, 갈등을 피하고 싶은 마음이 크기 때문입니다.

하지만 그렇기에 상대를 존중하느라 나를 무시하는 일이

반복되기도 합니다. 그렇다면 감정을 표현한 뒤 죄책감에 휩싸이지 않으려면 어떻게 해야 할까요?

첫 번째는 감정을 '폭발'이 아니라 '표현'으로 인식하는 연습을 하는 것입니다. 화를 내는 게 아니라, "나는 지금 이런 감정을 느끼고 있다"라고 말하는 거죠. 예를 들어 "그 말에 조금 서운했어", "그 상황이 불편하게 느껴졌어"라고 말할 수 있다면, 감정은 관계를 망치지 않고 오히려 회복의 도구가 됩니다.

두 번째는 감정을 표현한 뒤에도 스스로를 변호하는 연습을 하는 것입니다. 화를 낸 자신을 책망하는 대신, 이렇게 말해보세요.

"나는 감정을 억누르지 않고 말했을 뿐이야."

"상대방에게 상처를 주려는 의도는 없었어."

"감정을 표현하는 것도 관계의 일부야."

이 문장들이 마음속에 자리 잡으면, 감정 뒤에 따라오는 죄책감의 무게는 훨씬 가벼워질 겁니다. 감정을 표현한 뒤 미안해지는 사람은 사실 그 누구보다 관계를 아끼는 사람입니다. 그 마음은 절대 틀리지 않았습니다. 다만 감정의 자리에도 존중과 믿음이 필요하다는 걸 잊지 마세요. 화를 냈다고 해서 나쁜 사람이 되는 건 아닙니다. 화를 내고도 따뜻할 수 있고, 단호하면서도 다정할 수 있습니다. 그 감정까지 포용하는 게 진짜 관계고, 진짜 나 자신입니다.

착한 사람이 되려다 병드는 이유

"사람들이 절 착하다고 해요. 늘 배려하고 남한테 싫은 소리 절대 안 한다고요. 실제 저는 화도 안 내고 항상 괜찮다고 해요. 그런데 얼마 전부터 작은 일에도 화가 나고 짜증이 나요. 제가 뭘 좋아하는지도 모르겠어요. 저 자신이 너무 싫어요."

은경(가명) 씨는 집에서는 착한 딸이고, 직장에서는 착한 팀원이라고 했습니다. 자신을 표현하는 말의 90퍼센트가 '착하다'라는 것이었죠. 이야기를 듣는 내내 마음 한구석이 서늘해졌습니다. '착하게' 살기 위해 얼마나 많은 감정을 누르고, 얼마나 많은 상황에서 자신의 자리를 양보했을까요? 그러다 어느 순간부터 자신이 누구인지, 자기 기분이 어떤지도 모르게 되어버린 건 아닐까요?

사람들은 종종 말합니다. 착한 사람은 상처를 주지 않는다고. 하지만 정작 착한 사람은 상처를 제일 많이 받는 사람이기도 합니다. 갈등을 피하고, 거절하지 못하고, 늘 괜찮다고 말하느라 감정은 속으로 삭이고, 마음은 점점 병들어가죠. 착한 사람이 병드는 이유는 단순히 참아서가 아닙니다. 문제는 '착함'이라는 말이 무조건적인 희생과 인내를 요구하는 방식으로 자리 잡았기 때문입니다.

"이 정도는 참아야지."

"그래도 내가 이해해야지."

"나만 조금 더 참고 넘어가면 돼."

이런 생각들은 그럴듯해 보이지만, 결국에는 자신을 소진하는 감정 노동으로 이어집니다. 과잉 순응하며 자신을 희생시키는 거죠. 이들은 타인의 감정을 최우선으로 고려하고, 자신의 욕구나 감정을 나중으로 미루는 경향이 있습니다. 겉으론 친절하고 둥글둥글하지만, 내면에는 늘 이런 말이 숨어 있죠.

"싫은 사람 되기 싫어."

"거절하면 나쁜 사람 같잖아."

"이 정도도 못 받아주면 내가 너무한 거지."

문제는 이 착함이 진심에서 나온 게 아닐 때입니다. 좋아서 하는 배려가 아니라, 불안해서 하는 침묵이라면 그건 결국 자기 감정을 배반하는 일입니다. 착한 사람 콤플렉스의 핵심에는 '사랑받기 위한 조건으로 착해야 한다'라는 믿음이 있습니다. 사랑받으려면 참아야 하고, 인정받으려면 좋은 사람이 되어야 한다는 마음이죠.

이 믿음은 어릴 적 환경에서 형성될 때가 많습니다. 부모의 기분을 먼저 살피고, 갈등이 생기면 조용히 물러나고, 늘 "착하다", "말 잘 듣는다"라는 칭찬을 받아온 사람일수록 그 '착함'을 자신의 가치 전부로 오해하기 쉬운 환경에 놓이게 됩니다.

하지만 아무리 착해도 내 감정은 사라지지 않습니다. 외면당한 감정은 다른 방식으로 표출되죠. 몸의 통증, 이유 없는 분노, 무기력, 우울, 인간관계의 회피 등 이 모든 건 표현되지 못한 감정의 흔적일 수 있습니다. 착한 사람이 병드는 이유는, 감정을 억누른 채 괜찮은 척을 너무 오래 했기 때문입니다. 이제는 이 질문을 스스로에게 던져야 합니다.

“나는 왜 착한 사람이 되려고 애썼을까?”

“그 착함은 누구를 위한 것이었을까?”

“나는 진짜로, 괜찮았을까?”

이 질문들에 솔직해질 수 있다면 비로소 ‘착함’이 아니라 ‘진실함’으로 나를 대할 수 있게 됩니다. 착하다는 말보다 진심이라는 말이 더 어울리는 사람이 되는 것, 그게 더 당당하고 멋지지 않나요?

4

감정 쓰레기통
그만두기

너만은 들어줄 줄 알았어

"한 번 통화하면 2시간 이상을 해요. 만날 때마다 속이 터질 것 같다며, 혼자선 도저히 안 되겠다고 하소연도 많아요. 얼마나 힘드냐며 저도 들어주는데, 자기 할 말만 하고 제 얘긴 듣질 않아요. 실컷 마음을 쏟아내고, 가벼워진 얼굴로 돌아가죠. 그런데 저는 마음이 무거워져요. 저도 말할 게 있고 위로가 필요한데… 똑같은 이야길 듣기만 하려니까 지쳐요."

경숙(가명) 씨는 30년 지기 친구가 너무 힘들다고 했습니다. 중학생 때 짝이 되어 마흔 중반에 이르기까지 가깝게 지내왔지만 매번 듣기만 하는 역할에서 벗어나고 싶어 했죠. 그러다가도 친구에게 "넌 정말 좋은 사람이야. 내가 제일 믿는 친구야"라는 말을 들으면 마음이 약해졌습니다.

좋은 관계를 맺기 위해선 상대의 말을 들어주는 일이 필요합니다. 하지만 일방적으로 듣기만 해야 한다면 그걸 과연 '좋은 관계'라고 부를 수 있을까요? 듣기만 하는 관계, 위로만 하는 역할, 받는 건 없고 자꾸만 퍼주는 자신이 되어 항상 타인의 감정을 받아주기만 한다면, 누구나 와서 감정을 털어놓고 가는 사람이 되었다면 '감정적 역할 고정'에 빠져 있진 않은지 생각해보는 게 좋습니다.

감정적으로 역할이 고정되면 어느 한쪽이 지속적으로 '지지자'의 역할을 맡고, 다른 한쪽은 '위로받는 사람'의 자리에 고정됩니다. 문제는 이 구도가 반복되면, '들어주는 사람'은 점점 감정적으로 고갈되고, 자신의 감정은 뒤로 미루게 된다는 데 있습니다. 이런 관계에서 흔히 들을 수 있는 말이 있죠.

"너는 잘 들어주잖아."

"딱히 말할 데가 없어서 그래. 너밖에 없어."

이 말들은 고맙기도 하지만, 들으면 들을수록 감정의 무게를 일방적으로 짊어지게 만드는 말입니다. 게다가 이 관계에는 보이지 않는 심리적 함정이 하나 있습니다. 상대가 감정을 털어놓을수록, 나는 이상하게 더 '좋은 사람'이 된 것 같고, 거절하면 왠지 나쁜 사람이 되는 듯한 죄책감이 생긴다는 것이죠.

'들어주는 나'는 타인의 정서적 요구를 충족시키지만, 동시에 내 감정은 표현되지 못한 채 구석에 쌓입니다. 결국 마음속에서는 작고 날카로운 분노가 자랍니다.

'왜 나만 감정을 받아줘야 하지?'

'왜 내 감정은 들어주는 사람이 없지?'

이런 분노는 곧 자책으로 이어집니다.

'내가 좀 더 이해했어야 했나?'

'그 사람도 힘들었을 텐데…'

그리고 다시, 침묵하고 들어주는 사람이 됩니다. 이 관계의 고리를 끊으려면 몇 가지 용기가 필요합니다.

첫째, 감정을 무한정 들어주는 것이 '착한 일'만은 아니라는 사실을 인정하는 것입니다. 모든 감정은 '들어달라'고 말할 권리가 있지만, 모든 감정을 받아줄 의무는 나에게 없으니까요.

둘째, 경계의 말을 꺼내는 연습을 하는 것입니다. "내가 지금은 네 얘기를 듣기 어려운 상태야", "오늘은 나도 좀 지쳐서, 다음에 들어줄게"라고 말하는 건 이기적인 태도가 아니라, 관계를 건강하게 유지하기 위해 꼭 필요한 것입니다.

셋째, '들어주는 관계'만이 관계의 전부가 아님을 기억하는 것입니다. 감정은 주고받을 때 회복됩니다. 언제나 주는 쪽에만 머무르다 보면, 결국 관계는 기울고 말죠.

"너만은 들어줄 줄 알았어."

이 말에 담긴 함정은, '넌 내 말을 당연히 들어줘야 해'라는 무언의 압박입니다. 하지만 우리도 때론 누군가에게 기대고 싶지 않나요? 들어주는 사람도 감정이 있는 사람입니다. 그리고 그 감정도 충분히 소중하고, 돌봄 받아야 마땅합니다.

듣기만 하는 관계는 위험하다

'늘 듣기만 하는 관계'는 겉으론 평화로워 보이지만, 속으로는 감정의 불균형이 자라는 관계입니다. 한쪽은 감정을 쏟아내고, 다른 한쪽은 그걸 받아주고 정리하고 수용합니다. 처음엔 괜찮지만, 시간이 지나면 감정의 무게가 한쪽에만 쌓이게 되죠.

심리학에서는 이런 상태를 '공감 피로empathy fatigue' 또는 '정서적 소진emotional exhaustion'이라고 부릅니다. 감정을 너무 많이, 너무 오래 받아주다 보면 마음이 지치고, 더 이상 공감할 수 없을 만큼 에너지가 고갈되는 상태입니다.

문제는 이 피로가 겉으로 드러나지 않는다는 겁니다. 겉으론 여전히 "응, 그래. 그랬구나" 하면서 고개를 끄덕이지만, 속으로는 점점 이런 생각이 고개를 듭니다.

'또야? 이번엔 무슨 얘기지…? 내 얘기는 언제 하지?'

그리고 그 감정은 다시 죄책감으로 연결됩니다.

'내가 너무 매정한가? 저 사람도 힘든데, 내가 왜 이러지?'

이런 반복은 감정적인 에너지를 점점 고갈시키고, 결국 상대의 목소리만 가득한 관계 속에서 나의 존재는 점점 희미해집니다. 게다가 듣기만 하는 관계는 상대를 위한 것 같지만 상대에게도 도움이 되지 않을 수 있습니다. 자신도 모르게 감정을 처리하는 주체가 아니라 타인에게 감정을 '넘기는' 방식에 익숙해지기 때문이죠.

'힘들면 그냥 털어놓고 끝.'

하지만 털어놓는다고 끝이 아니라, 그 감정은 고스란히 '듣는 사람'의 몫이 되죠. 결국 관계는 정서적 의존으로 기울게 됩니다. 한 사람은 자꾸만 털어놓고, 다른 사람은 자꾸만 참고, 어느 순간엔 둘 다 피곤해집니다.

이 구조를 바꾸려면 '듣는 사람'에게도 감정이 있다는 걸 인정받는 순간이 필요합니다. 말없이 다 들어준다고 해서, 그 사람이 상처받지 않는 건 아닙니다. 그래서 이렇게 말해야 합니다.

"미안한데, 오늘은 나도 감정적으로 여유가 없어."

"내 얘기도 좀 들어줄 수 있어?"

"지금 이 관계가 너무 일방적으로 느껴져."

이 말들은 듣는 사람의 감정을 드러내는 것이고 관계를 쌓아 올리는 말이지, 무너뜨리는 말이 아닙니다. 들어주는 것도, 공감하는 것도 모두 에너지를 쓰는 일입니다.

무한정 줄 수 있는 사람이 어디 있을까요? 감정을 듣는 일에는 휴식이 필요하고, 때로는 거리두기도 필요합니다. 듣기만 하는 관계가 위험한 이유는, 그 관계에서 결국 나의 감정이 사라지기 때문입니다. 말을 하지 않아도 마음은 점점 말을 잃습니다. 그렇게 잃어버린 감정은 나중에 돌이킬 수 없는 무력감으로 돌아옵니다.

공감도 나눠야 회복이 됩니다. 들어주는 사람도 감정이 있고, 들어주는 사람도 때로는 누군가에게 기대고 싶은 순간이 있다는 것. 그 단순한 진실이 관계 속에서 존중받을 때, 비로소 우리는 서로를 무너지지 않게 붙잡아줄 수 있습니다.

그들의 모든 말을 다 들을 필요는 없다

우리는 대개 말에 경계를 두지 않습니다. '말이니까', '그냥 지나가는 얘기니까', '상대가 나쁘진 않으니까' 하고 스스로를 설득하며 넘깁니다. 하지만 말은 감정의 문을 통과해 마음에 들어옵니다. 툭 던진 말도, 가볍게 흘린 농담도 듣는 사람의 마음에는 깊게 박히는 날카로운 조각이 될 수 있습니다.

이런 언어적 미시공격은 직설적인 비난이 아니라, 무심한 표현이나 농담, 반복되는 평가의 말들 속에서 상대의 존재나 감정을 조금씩 깎아내리는 말의 폭력입니다. 그리고 이 말들을 반복적으로 듣는 사람은 언젠가부터 자기 감정을 무시하는 법을 배우게 됩니다.

"그냥 넘겨야지."

"별일 아니었는데 내가 예민하게 굴었나?"

"이런 걸로 뭐라 하면 내가 너무 유난스럽지."

하지만 넘길수록, 그 사람은 더 함부로 말하게 되고 나는 더 조용해지고, 결국엔 그 관계 안에서 자신이 점점 사라집니다.

경계를 세우는 건 어려운 일입니다. 특히 늘 참고 받아주던 사람이 처음으로 "그 말, 불편했어"라고 말하는 순간 상대는 당황하거나, 심지어 불쾌해할 수도 있습니다. 하지만 그 불편함을 감수하지 않으면, 우리는 끝없이 자기 감정을 희생하며 관계를 유지하게 됩니다. 이럴 때 필요한 건 감정을 전달하는 방식입니다. 공격이나 비난이 아니라, '나의 감정'을 중심으로 말하는 것이죠.

"그 말, 농담인 건 알지만 나는 좀 상처받았어."

"다른 의도는 없었다는 거 알지만, 그 표현은 불편했어."

"이건 그냥 내 감정인데, 솔직히 그 말이 계속 마음에 남더라."

이런 표현들은 상대를 공격하지 않으면서도 나의 경계를 분명하게 보여주는 방식입니다. 말에도 경계가 필요합니다. 아무 말이나 듣고 아무 말에도 반응하지 않는다고 해서 마음이 단단한 게 아닙니다. 진짜 단단함은 마음에 들어온 말들이 나를 해치지 않도록 지키는 힘에서 나옵니다.

내가 불편함을 느끼는 상황에서는 "그 말 괜찮지 않아"라고 말해야 합니다. "나는 그런 식으로 말하면 힘들어"라고 표현해야 합니다. 그 말이 쌓여야 관계도 건강해지고, 내 마음도 덜 무너집니다. 다른 사람들의 이야기를 모두 들어줘야 할 필요는 없습니다. 그건 무시가 아니라, 나를 지키기 위한 권리니까요.

5

선을 넘는 사람에게는
선을 그어야 한다

참는다고 좋은 사람이 되는 것은 아니다

"괜찮아, 별일 아니야."

"내가 조금만 참으면 돼."

"화를 내봤자 뭐가 달라지겠어."

아마도 우리는 이런 말을 수백 번쯤 스스로에게 속삭이며 살아왔을 겁니다. 감정이 북받쳐도, 목 끝까지 화가 치밀어도 '이 정도는 참아야지' 하고 눌러온 기억들이 있지요.

사람들은 말합니다. 참는 사람이 어른이라고. 화를 내지 않는 사람이 착한 사람이라고. 하지만 정말 그럴까요? 화를 내지 않는다고 해서, 그 사람이 좋은 사람일까요? 아니면 그냥 화를 낼 줄 모르게 되어 감정을 억제하는 사람이 된 건 아닐까요?

감정 억제는 감정이 올라오는 순간, 그 감정을 의식적으로 혹은 습관적으로 눌러버리는 반응입니다. 겉으론 평온하지만, 속은 타들어가죠. 몇 번이나 강조하는 말이지만 억눌린 감정은 사라지지 않습니다. 감정은 억제되면 형태를 바꿉니다. 화는 무기력으로, 분노는 냉소로, 서운함은 거리감으로 바뀌어 관계와 삶 전반에 조용하지만 선명한 균열을 만들어냅니다.

더 무서운 건 참는 일이 반복되면 자신의 감정 인식 능력 자체가 무뎌진다는 것입니다. 처음엔 억누르기만 했지만, 나중엔 아예 감정을 느끼지 못하는 상태가 되기도 하죠. "조금 불편했어요"라는 말 속에 말로 다 하지 못한 분노와 실망이 숨어 있기도 하고, "화날 일은 아닌데 좀 그랬죠"라는 말에는 사실은 화가 났지만, 화났다고 인식하는 것조차 버거운 마음이 담겨 있습니다.

이렇게 조금씩 진짜 감정을 잃어버리면, 어느 순간부터는 '나'를 느끼는 감각 자체도 사라지기 시작합니다. 우리는 너무 오래 '좋은 사람 콤플렉스'에 익숙해져 있습니다. 갈등을 만들지 않는 사람, 항상 배려하는 사람, 불편한 감정을 표현하지 않는 사람이 되었어요. 그런 사람을 '괜찮은 사람'으로 여기는 문화에서 자신의 감정을 꺼내는 일은 왠지 이기적인 일처럼 느껴지기도 하죠.

하지만 감정을 표현하는 건 이기심이 아닙니다. 경계를 세우는 일이고, 나를 소중히 여기는 기본적인 자기 돌봄입니다. 참는다고 다 좋은 사람이 되는 건 아닙니다. 오히려 감정을 무시당한 내 마음은 작고 잔잔한 방식으로 신호를 보냅니다. 아침에 일어나기 싫어진다, 대화가 피곤하게 느껴진다, 잘 웃던 일에 웃음이 나지 않는다, 설명하는 게 점점 귀찮아진다 등의 방식으로 나타나죠. 이건 삶이 무너지는 게 아니라 감정이 무너지고 있다는 신호입니다.

그리고 그 시작에는 언제나 "참아야지"라는 말이 있습니다. 하지만 자신을 위해서라도 이제는 말해야 합니다. "괜찮지 않았다"라고, "그 말이 상처였고, 그 행동이 힘들었다"라고 말입니다.

감정을 표현하는 건 화를 내는 게 아니라, 마음을 포기하지 않는 방식입니다. 착한 사람이 되려고 감정을 누른 게 아닙니다. 사랑받고 싶어서, 실망시키고 싶지 않아서, 거절당하고 싶지 않아서 참아온 거죠. 하지만 사랑받는 것보다 중요한 건 나 자신을 존중하는 일이라는 걸 알아야 합니다.

참는다고 다 좋은 사람은 아닙니다. 좋은 사람은 자기 감정을 솔직하게 말하는 사람입니다. 자신의 감정으로 타인에게 상처 주지 않으면서도 스스로 지워지지 않게 꺼낼 줄 아는 사람. 그게 진짜 '괜찮은 사람' 아닐까요?

이건 아니라고 느낀다면 경계는 이미 무너진 것

우리는 흔히 명확한 이유가 없으면 감정을 믿지 않으려는 습관이 있습니다. 느낌이 아무리 불편해도 '그 사람이 그런 뜻은 아니었을 거야', '내가 오해했을지도 몰라', '분위기를 망치고 싶진 않아' 이런 생각으로 감정을 눌러버리죠.

하지만 감정은 생각보다 먼저, 그리고 정확하게 위험을 감지합니다. 우리 뇌의 편도체는 감정적 위험이나 위협을 감지했을 때 의식적 사고보다 훨씬 빠르게 반응합니다. 그 불편함은 근거 없는 예민함이 아니라, 나를 보호하기 위한 생존 본능의 신호이기도 합니다.

'이건 아닌데…'라는 마음은 작은 언행 하나에서부터 시작됩니다. 다정하긴 한데 말끝마다 무시가 묻어난다거나, 사과는 하지만 반복되는 행동은 바뀌지 않는다거나, 내 말을 듣는 듯하면서도 핵심은 늘 흘려보내는 등 작지만 반복되는 불편함은 결국 내 감정의 '경계 시스템'에 부담을 주게 됩니다. 그리고 경계가 흔들리기 시작하면 나는 점점 더 많은 걸 애써 넘기게 되죠.

경계는 갑자기 무너지지 않습니다. 작은 침해들이 반복될 때 '괜찮아, 이번만 넘어가자', '그 사람은 원래 저래', '내가 맞춰야지' 같은 자기 설득이 쌓이면서 천천히, 그러나 분명히 무너집니다. 그리고 어느 순간, 나는 그 관계 안에서 '이건 아닌데'라고 느낄 틈조차 허락하지 않게 됩니다. 그렇다면 어떻게 해야 할까요?

먼저 그 미묘한 불편함을 '느끼는 것만으로도 정당하다'라고 인정하는 연습이 필요합니다. 명확한 이유가 없더라도, 감정은 존재하는 것으로 의미가 있습니다. 그다음엔 질문을 바꿔야 합니다. '내가 너무 예민한가?'에서 '왜 이 상황이 불편했을까?'로, 그리고 '이 불편함을 넘기면 나는 어떻게 될까?'로.

이 질문들은 감정을 억누르지 않고 생각과 감정이 손을 잡도록 도와주는 다리입니다. 우리는 모두 자신만의 감정 경계가 있습니다. 누구는 농담처럼 넘길 수 있는 말을 누구는 아프게 받아들일 수도 있습니다. 그건 감정의 강도 차이 때문이 아니라 경계의 기준이 달라서일 뿐입니다. 그리고 그 기준은 내가 정할 수 있습니다.

누군가의 말이나 행동이 불편하게 느껴진다면, '이건 아닌데…'라는 마음이 스친다면 그 순간을 그냥 넘기지 말아주세요. 그 감정은 상대를 미워하라는 뜻이 아니라, 나를 아끼라는 신호니까요.

선을 긋는 일은 미움받는 게 아니라 존중을 만드는 일이다

"괜히 벽을 세우는 사람처럼 보일까 걱정돼요."

아진(가명) 씨는 거래처에 갈 때마다 담당자가 무례한 말을 했는데도 자신이 예민한 사람처럼 보일까 봐 말하지 못할 때가 많다고 했습니다. 아진 씨가 참으면 상대가 또다시 선을 넘는 상황이 반복되었죠. 이런 일이 많아질수록 혼자 자책하는 시간도 길어졌습니다. 힘들게 들어간 회사인데 퇴사를 고민하는 지경이 되었죠.

아진 씨는 경계를 세우는 일은 '거절' 혹은 '차단'이라고 오해하고 있었습니다. 차가운 사람, 자기만 아는 이기적인 사람처럼 보일까 봐 적절하게 선을 긋는 일을 어려워했죠.

경계는 누군가를 밀어내는 일이라고 생각할 수도 있지만 꼭 그렇지는 않습니다. 자신을 무너지지 않게 지키는 일이자, 건강한 관계를 유지하기 위한 최소한의 약속이죠. 스스로 느끼고 생각하는 것을 말하는 '자기주장assertiveness'은 건강한 자존감을 지키는 데 꼭 필요합니다. 자기주장은 소리를 지르거나 감정을 폭발시키는 게 아닙니다. 침묵하지 않고, 내 감정과 생각을 솔직하고 단단하게 말하는 태도를 말하죠. 예를 들어 이런 식입니다.

"그 말투가 조금 불편했어. 나한텐 가볍지 않게 들렸거든."

"지금은 내 이야기를 먼저 마치고 싶어."

"너의 부탁은 들어주기 어려워. 지금 내 상태가 괜찮지 않아서."

이런 말들은 상대를 공격하지 않으면서도, 내 경계를 분명히 드러내는 방식입니다. 놀랍게도 이렇게 선명한 태도는 상대가 나를 더 존중하게 만드는 힘이 됩니다. 경계 없는 친밀감은 없습니다. 서로가 어디까지 허용하고, 어디서부터 멈춰야 하는지 알아야 안심할 수 있는 거리를 유지하니까요.

선을 긋는 일은 관계를 끊자는 말이 아니라, 그 관계에서 '나'로 존재하겠다는 선언입니다. 그 선언이 없는 관계는 늘 맞춰야 하고, 참고, 이해해야만 유지되는 구조가 되고 맙니다. 결국엔 '나는 왜 늘 피곤할까?', '왜 관계가 깊어질수록 지칠까?' 하는 질문을 남깁니다.

선을 그어야 관계가 정리되는 게 아니라, 선을 그어야 비로소 관계가 시작될 수 있습니다. 서로를 이해하기 위해 필요한 건 무한한 배려가 아니라, 분명한 경계 위에 세운 신뢰입니다. 선을 그었다고 그 사람이 나를 미워하거나 내가 나쁜 사람이 되는 게 아닙니다. 오히려 그 선은 '나는 나를 존중한다'라는 표시이고, '당신도 나를 그렇게 대해주면 좋겠다'라는 소중한 초대입니다.

♠ 오늘 나를 지치게 한 사람은 누구인가요?

♠ 그 사람은 나의 어떤 감정을 자주 건드리나요?

♠ 그 사람에게 어떤 말을 하고 어떻게 대처하고 싶나요?

분노에 휘둘리지 않고
마음의 중심 잡기

분노를 '위험한 감정'이라고만 여기면
이 감정이 보내는 신호를 해석하지 못하고
억누르기만 하게 됩니다.
그 결과 내 안의 동기, 욕구, 열망마저
함께 눌려버리는 거죠. 화가 난다는 건
아직 내 안에 살아 있는 에너지가 있다는 증거입니다.
그 에너지를 폭발이 아니라
이해와 회복의 방향으로 돌린다면,
분노는 삶을 밀어주는 동력이 될 수도 있습니다.

1
말이 안 나오면,
몸이 먼저 망가진다

삼킨 감정은 몸에 남는다

해야 할 말을 하지 못해 끙끙 앓은 적이 있나요? 소화도 안 되고 머리도 아프고 몸이 여기저기 불편한데, 병원에선 별 이상이 없다고 합니다. 그런데도 몸이 계속 무겁고 힘이 없죠. 상담실에도 이런 분이 많이 찾아오십니다. 자신의 감정을 말로 표현하지 못하고, 몸으로 견딘다는 분들이죠. 화를 내야 할 순간에도 꾹 참고, 서운해도 웃으며 넘기고, 억울한데도 '괜찮아'라고 말한 시간이 어딘가에 쌓여 있다는 걸 몸이 먼저 이야기한 셈입니다.

말로 표현되지 못한 감정은 몸속에 머물다 신체적 불편함

으로 바뀌기도 합니다. 이걸 심리학에서는 '신체화somatization'
라고 부릅니다. 신체화란 정서적으로 표현되지 않은 감정이
두통, 소화불량, 피로, 근육통, 가슴 답답함 같은 신체 증상
으로 나타나는 현상을 말합니다. 감정은 마음의 언어지만,
표현되지 못하면 결국 몸의 언어로 번역됩니다.

그리고 그 언어는 꽤 정직하게, '지금 당신은 아픕니다'라
고 신호를 보냅니다. 특히 화는 강한 에너지를 가진 감정입
니다. 화를 억누르면 그 에너지는 어디론가 흘러가야 하죠.
하지만 말로 풀어주지 않으면 그 에너지는 결국 몸을 긴장
시키고, 근육을 수축시키고, 소화계를 교란시킵니다.

많은 연구가 말합니다. 화가 억제되면 심박수는 더 빨라
지고, 스트레스 호르몬은 더 오래 남고, 심혈관계에 부담이
커진다고요. 겉으론 조용하지만 속은 폭풍처럼 휘몰아치는
상태, 그게 바로 '감정을 삼킨 몸의 상태'입니다.

"화를 낼 줄 몰라요. 어릴 때부터 울면 혼났거든요."

미숙(가명) 씨는 늘 미소를 지으며 말했지만, 몸은 온통
긴장돼 있었고, 자주 체하고, 숨이 가쁘고, 밤마다 입을 악
물고 잔다고 했습니다. '화를 내지 않아서 조용한 사람'이 아

니라, '화를 내지 못해 몸이 대신 울고 있는 사람'이었죠.

몸은 늘 우리보다 먼저 진실을 말합니다. 머리는 '괜찮아' 라고 하지만 목은 뻣뻣하고, 속은 타들어가고, 손은 꽉 쥐어져 있다면 그건 감정이 사라진 게 아니라, '표현되지 않은 채 남아 있는 것'입니다. 그래서 몸이 보내는 신호를 '피로' 나 '과로'로만 넘기지 말아야 합니다. "왜 이렇게 자주 아프지?"라는 질문에서 멈추지 말고, "내가 지금 말하지 못하는 감정은 뭘까?"라는 질문을 해야 합니다.

몸은 늘 말하고 있습니다. 다만 그 말을 듣는 귀를 우리가 닫아온 것뿐입니다. 삼킨 감정은 조용하지만 무겁고, 드러나지 않지만 오래 갑니다. 말하지 못한 감정이 쌓인 몸은 결국 어느 날, '이제 그만하자'라고 신호를 보냅니다. 그 신호를 듣지 않으면 감정은 병이 되고, 관계는 고요한 전쟁터가 되며, 나는 점점 나를 잃게 됩니다. 그러니 이렇게 말해줘야 합니다.

"지금 내가 이렇게 아픈 건, 내 마음이 아팠다는 증거일지도 몰라."

그리고 조금씩, 삼킨 감정을 말로 꺼내는 연습을 시작해야 합니다. 감정을 말로 표현하는 일은 몸에는 회복이고, 마음에는 존중입니다.

감정이 말이 되기 전까지 일어나는 일들

감정이 느껴지는 건 순간이지만, 그걸 언어로 꺼내는 데는 시간이 걸립니다. 그 사이엔 수많은 방해 요소가 있죠. 말해도 소용없을 거라는 체념, 상대를 실망시킬지도 모른다는 두려움, 갈등이 커질까 봐 피하는 마음, 내 감정을 나도 확신하지 못하는 혼란 등 다양한 이유가 있습니다. 그래서 결국 말보다 침묵이 먼저 나오고, 표현보다 억제가 익숙해집니다.

이렇듯 감정이 언어화되지 않으면 '감정 미분화alexithymia' 상태가 됩니다. 이건 감정을 느끼지 않는다는 뜻이 아니에요. 오히려 감정은 강하게 느껴지는데, 그 감정을 인식하고 표현하는 능력이 부족한 상태를 말하죠.

"답답해요."

"그냥 막 화가 나요."

"기분이 안 좋아요, 그런데 왜 그런지는 모르겠어요."

이런 말들이 감정의 '언어 이전 상태'를 설명하는 문장입니다. 감정은 말이 되기 전까지 몸에 머무르고, 마음속을 맴돌고, 관계 속에서 이상한 방식으로 새어 나옵니다. 무표정하게 대하다가 갑자기 거리를 두거나, 아무 말 없이 자리를 피하거나, 전혀 상관없는 일에 과하게 반응합니다. 표현되지 않은 감정이 비정상적인 방식으로 흘러나오는 장면들이죠. 그럼 우리는 어떻게 해야 할까요?

첫째, 감정을 완성된 언어로 말하지 않아도 괜찮다는 걸 인정합니다. "왜 그런지 모르겠지만 좀 서운해", "지금 말이 잘 안 나오는데 기분이 이상해" 정도의 문장도 충분히 '감정의 언어'입니다. 감정은 처음부터 정제된 문장이 아니라 마음의 결로 느껴지는 말로 시작하는 게 자연스럽습니다.

둘째, 감정이 올라오는 순간, 멈춰서 그 감정을 관찰합니다. "지금 이 감정은 어디서 시작됐지?", "몸이 반응한 지점은 어디였지?", "생각보다 먼저 올라온 느낌은 뭐였지?" 같은 질문들이 감정을 언어로 데려오는 징검다리가 됩니다.

셋째, 감정을 무조건 말로 해결하려 하지 않는 여유를 가집니다. 어떤 감정은 말이 되기까지 며칠이 걸리기도 하고 다른 사람을 통해 비로소 알게 되기도 합니다. 그러니 조급해하지 않아도 괜찮습니다. 감정이 말이 되려면 먼저 마음속에서 허용되어야 하니까요. 감정이 말이 되기 전까지 우리는 무너지고, 후회하고, 때로는 관계가 틀어지기도 합니다.

하지만 이걸 알고 있다면 다음엔 조금 더 부드럽게 감정을 붙잡을 수 있습니다.

"지금은 잘 모르겠지만, 내 안에 뭔가가 일고 있어."

그걸 알아차리고 스스로에게 말해주는 것만으로도 감정은 혼자서 폭주하지 않고 천천히 말이 될 준비를 시작합니다.

몸이 먼저 알려주는 경고

"그 말을 듣는 순간, 갑자기 심장이 쿵 내려앉았어요."

"속이 울렁거려서 말이 안 나왔어요."

"눈물이 나올 줄 몰랐는데, 그냥 주르륵 흘렀어요."

이건 흔한 감정 묘사가 아닙니다. 몸이 먼저 감정을 알아차린 순간의 이야기입니다. 생각보다 먼저, 이해보다 빨리, 몸은 이미 '이건 아니다'라고 말하고 있었던 겁니다.

감정은 뇌에서 먼저 시작되지만, 신호는 몸을 통해 가장 빠르고 강하게 표현됩니다. 불안은 가슴을 조이고, 분노는 얼굴을 달아오르게 하고, 슬픔은 숨을 얕게 만듭니다. 이런 몸의 반응은 모두 감정이 무언가를 느꼈다는 첫 번째 증거이자 경계선이 흔들린다는 경고음입니다. 하지만 우리는 대부분 이 신호를 무시합니다.

"그냥 컨디션이 안 좋은가 봐."

"요즘 스트레스를 많이 받아서 그래."

"몸이 좀 예민한 거겠지."

이렇게 말하면서 몸이 보내는 신호를 무시한 채, 상황을 계속 견디고, 감정을 누르고, 문제가 명확해질 때까지 침묵을 선택합니다. 그사이 몸은 점점 더 크게 말하려 들죠. 두통, 위장 장애, 근육 긴장, 호흡 곤란, 수면 문제 등은 그냥 생긴 증상이 아니라 감정을 말하지 못한 몸이 대신 꺼낸 언어입니다.

우리는 때로 몸이 더 정직하다는 걸 잊습니다. 머리는 괜찮다고 말하지만, 몸은 괜찮지 않다고 계속 외칩니다. 이럴 때 필요한 건 몸을 의심하지 않는 태도입니다. "이 정도 가지고 뭘 그래"라는 말 대신 "지금 내 몸이 뭘 말하는 걸까?”라고 물어봐주세요.

배가 자주 아픈 건 내가 뭔가를 너무 꾹 참고 있다는 신호일 수 있어요. 목이 막히는 건 말하고 싶은 감정을 삼키고 있다는 뜻일 수 있습니다. 숨이 가빠지는 건 지금 이 상황이 내게 과하다는 경고일지도 모릅니다. 이렇게 몸의 반응을 '내가 아직 말로 꺼내지 못한 감정의 언어'로 읽는 겁니다.

감정은 느끼는 것도 중요하지만, 몸과 연결해서 이해할 때 더 정확한 방향으로 풀 수 있습니다. '나는 지금 왜 아픈가?'를 묻기보다 '내가 지금 어떤 감정을 표현하지 못하고 있는가?'를 물어야 하는 이유입니다. 몸은 늘 먼저 말합니다. 그리고 그 말은 대개 틀리지 않습니다. 마음이 정리되지 않을 때, 몸이 느끼는 감각부터 천천히 살펴보세요. 그곳에 아직 말이 되지 않은 감정, 표현되지 못한 진심이 작지만 분명하게 자리 잡고 있을 테니까요.

2

화는 없애야 하는 게 아니라
돌봐야 하는 감정이다

화를 '관리'하려다 더 아파지는 이유

상담실에 오시는 많은 분이 화를 참는 연습을 해야 하나고 묻습니다. 분노를 없애는 방법이 있냐고 묻기도 하시죠. "저는 왜 이렇게 쉽게 화가 날까요?"라며 분노를 '문제'로 여깁니다. 화를 내는 자신이 미성숙해 보일까 걱정하고, 분노를 조절하지 못하면 관계가 깨질까 불안해합니다. 그래서 화를 조절하고, 억제하고, 눌러 없애려 합니다. 하지만 이상하게도, 그럴수록 화는 더 자주, 더 강하게 올라옵니다. 왜 그럴까요?

우리는 감정을 '다스려야 할 것'으로 배웠습니다. 특히 분노는 더더욱 그렇죠. 화를 내면 이기적이다, 유난스럽다, 어른답지 않다는 말을 듣기 일쑤니까요. 그래서 우리는 화가 날 때 가장 먼저 '이걸 참아야 한다'라고 생각합니다.

하지만 감정은 역설적이게도 인정받지 못하면 더 크게 반응하는 성질이 있습니다. 억제된 감정은 일시적으로 눌리는 것 같지만, 억눌린 만큼 더 강한 형태로 돌아오죠. 화를 억누르면 몸은 더 긴장하고, 마음은 더 경직되고, 표현되지 않은 감정은 '피로', '불면', '무기력', '폭발적인 분노'라는 다른 얼굴로 나타납니다. 화를 관리하려다 화와 더 멀어지는 게 아니라, 화에 더 끌려가는 구조가 되는 것이죠.

화는 관리가 아니라 이해하고 돌봐야 하는 감정입니다. '없애야 할 문제'가 아니라 '살펴야 할 신호'죠. 화는 언제나 어떤 메시지를 가지고 옵니다.

"지금 이 상황은 나에게 불공평해."

"나는 지금 존중받지 못하고 있어."

"무언가가 반복해서 나를 아프게 해."

이 메시지를 읽지 않고 '화를 내는 나 자신'을 문제 삼으면 감정은 더 깊이 숨어서 나를 흔들게 됩니다. 화를 다루는 첫

걸음은, '화가 나는 데는 이유가 있다'라고 인정하는 겁니다. 그 이유를 말로 설명하지 못하더라도 그 감정이 존재할 만하다고 받아들이는 순간, 분노는 조금씩 부드러워집니다.

화를 참을수록 나는 점점 감정에 익숙하지 않은 사람이 됩니다. 화를 없애려 할수록 나는 점점 감정을 무서워하게 됩니다. 하지만 화는 우리를 무너뜨리기 위해 존재하는 감정이 아닙니다. 오히려 무너지기 전에 경고를 보내기 위해 존재하는 감정이죠.

화를 관리하려는 마음에서 벗어나 화의 말을 들어보면 어떨까요? '화'라는 감정 안에는 '나를 지키고 싶은 마음'이 담겨 있습니다. 그 마음을 있는 그대로 안아주는 순간, 비로소 우리는 화에 끌려가지 않고 화를 다루는 사람이 됩니다.

화는 적이 아니라 나를 지키는 아군이다

감정은 곧잘 오해받습니다. 불안은 약한 사람의 증거처럼 여겨지고, 분노는 참지 못하는 미성숙의 상징처럼 다뤄집니다. 우리는 감정을 '이겨야 할 것', '제어해야 할 것'으로 배워왔죠. 그래서 많은 사람이 감정을 느끼는 순간 죄책감을 느끼고, 화를 내면 자기 자신이 싫어지고, 불안을 느끼는 자신을 부끄러워합니다.

하지만 감정은 우리를 망치기 위해 존재하는 게 아니라, 우리를 지키기 위해 설계된 반응입니다. 감정은 뇌의 가장 오래된 부분인 '변연계邊緣系, limbic system'에서 생성됩니다. 이성이 만들어지기 훨씬 전부터 '살아남기 위한 기능'으로 존재하던 체계죠. 예를 들어 누군가에게 무시당했을 때 불쾌함이 느껴지는 건 '이 관계가 나를 위협하고 있어'라는 경고일 수 있습니다. 배신당했을 때 분노가 치미는 건 '더 이상 무너지지 말자'라는 다짐으로 자신을 지키려는 울타리일 수 있고요.

감정은 몸과 마음이 협력하여 나를 보호하려는 반응입니다. 그러니 감정을 무조건 누르려 하거나, 수치심으로 덮는 건 나를 위한 경고 시스템을 마비시키는 일이에요. 특히 분노는 가장 강력한 '자기 보호 반응' 중 하나입니다. 분노는 상처받지 않기 위해 거리를 만드는 힘이고, 더 이상 참지 않기 위해 말하게 하는 힘이며, 자신을 존중받게 하려는 본능이기도 합니다.

화가 난다는 건 내 안의 기준이 있다는 뜻이고, 내가 존중받길 바란다는 증거입니다. 물론 감정이 항상 옳은 건 아닙니다. 하지만 감정은 항상 이유가 있습니다. 그리고 그 이유를 무시할수록 감정은 점점 극단적인 방식으로 나타납니다. 애써 외면해온 불안이 공황으로 터지고, 참기만 해온 분노가 폭발적인 언어로 새어 나오는 것도 그 때문이죠.

그래서 감정을 없애려는 싸움에서 벗어나야 합니다. 대신 감정에 이렇게 말해줘야 하죠.

"그래, 너는 지금 나를 지키려고 온 거구나."

"그 마음, 정말 고마워. 그런데 이제 그 이유를 같이 들여다보자."

감정을 나의 적으로 대하는 순간, 나는 내 안에서 끊임없이 싸우게 됩니다. 하지만 감정을 나의 편으로 받아들이는 순간, 감정은 더 이상 나를 삼키지 않고 나를 단단하게 지탱하는 뿌리가 되어줍니다. 감정은 문제가 아니라 메시지입니다. 그 메시지를 듣는 연습이야말로 마음을 지키는 가장 좋은 방법입니다.

분노를 부드럽게 다루는 연습

화를 내면 후회가 남고, 참으면 서운함이 쌓입니다. '어떻게 해야 맞는 걸까?' 감정 앞에서 늘 망설이게 되죠. 그래서 우리는 종종 두 가지 방식 중 하나를 선택합니다. 감정을 꽉 눌러 삼키거나, 혹은 순간적으로 폭발시켜버리거나.

그러나 이 두 가지 모두 분노가 원하는 방식은 아닙니다. 분노는 싸우거나 도망치기보다 '살펴달라'고 말하는 존재니까요. 분노를 부드럽게 다룬다는 건 그것을 인정하고, 조금 천천히, 안전한 방식으로 꺼내는 걸 의미합니다. 분노를 '공격'이 아니라 '설명'으로 전달하는 방식이죠. 한 가지 예시를 들어서 설명해볼까요?

김 대리와 이 대리는 동기입니다. 허물없이 친한 사이지만 김 대리는 이 대리가 선을 넘을 때가 종종 있다고 생각합니다. 오늘 아침 회의에서 자신이 말하는 것을 끊고 중간에 치고 들어왔습니다. 김 대리는 어느 때보다 화가 많이 났습니다. 오늘은 반드시 이 대리에게 선을 긋겠다고 다짐합니다.

김 대리가 이 대리와의 관계를 훼손하지 않으면서도 적절하게 자신의 감정을 표현하려면 어떻게 하는 게 좋을까요?

이럴 땐 네 가지 기준을 지키는 게 좋습니다.

첫 번째는 관찰하기입니다. 회의에서 상대가 내가 말하는 중간에 끊고 들어왔다면, "항상 나를 무시해"라고 하기보다 "오늘 회의에서 내 말을 끊었을 때"라고 비난 없이, 사실만 말하는 것이죠.

두 번째는 느낌 말하기입니다. 책임을 전가하지 않고, 감정을 설명하는 방식입니다. "짜증 나!"라고 말하기보다 "그때 나는 무시당한 것 같아서 속상했어"라고 말하는 겁니다.

세 번째는 욕구 표현하기입니다. 내가 왜 그런 감정을 느꼈는지 설명합니다. "나는 내 의견이 존중받길 원해"라고 말할 수 있겠죠.

네 번째는 요청하기입니다. "앞으로는 내 의견이 끝날 때까지 들어줄 수 있을까?"처럼 무엇을 원하는지 구체적으로 말합니다.

이 네 가지를 익히는 것만으로도 분노는 덜 폭력적으로, 더 명확하게 전달됩니다. 분노를 부드럽게 다룬다는 건 분노가 생기는 걸 막는 게 아니라, 다른 방식으로 꺼내보는 연습입니다. 속으로 삭이거나 폭발시키지 않아도 됩니다. 살살 말해도 되고, 한 번에 완벽해지지 않아도 되고요. 실수하고, 버벅대고, 때로는 말이 안 되는 표현을 하더라도 그게 감정을 말하는 연습이 되니까요.

분노는 우리 안에 머무는 수많은 감정 손님 중의 일부입니다. 억지로 내쫓거나, 아무 말 없이 놔두기보다 조용히 말을 걸어주세요.

"화가 났구나. 왜 그랬을까?"

"내가 뭘 원하는 걸까?"

"이 감정이 말하고 싶은 건 뭘까?"

그렇게 자신과 대화를 시작하면, 분노를 점점 더 대화로 표현하는 법을 배울 수 있습니다. 누구나 분노를 '다룰 줄 아는 사람'이 될 수 있습니다. 그건 거창한 기술이 아니라, 매일 조금씩 감정을 말로 꺼내보는 용기에서 시작됩니다. 내 분노를 부드럽게 다뤄주는 만큼, 나 자신도 조금 더 부드러워집니다.

3

센 척하는 날일수록
마음은 더 약해진다

강한 척하는 마음 뒤에 숨겨진 감정들

화를 내는 순간, 사람들은 "쟤는 성격이 원래 저래"라고 말합니다. 정말 어떤 사람은 처음부터 '화를 잘 내는 사람'으로 태어난 걸까요? 사실 분노는 감정 중에서도 가장 '드러나기 쉬운 감정'입니다. 왜냐하면 분노는 약함을 숨겨주고, 두려움을 외면하게 해주며, 상처를 감추도록 도와주니까요.

아이들도 마찬가지입니다. 어릴 적 혼나면 우는 아이도 있지만, 삐치거나 소리 지르는 아이도 있죠. 이런 아이들을 혼내기 전에 "왜 그렇게 화를 내?"라고 묻기보다 "어디가 아팠어?", "마음이 불편했구나"라고 말해주면 갑자기 울음을 터뜨리며 마음을 드러내기도 합니다. 어른도 다르지 않습니다. 강한 말투와 단호한 표정 뒤에 사실은 '말하고 싶지만 말하지 못한 감정들'이 숨어 있는 경우가 많죠. 심리학자 수전 데이비드Susan David는 말합니다.

"분노는 2차 감정이다. 그 밑에는 늘 더 원초적이고 약한 감정이 숨어 있다."

그렇습니다. 화를 낼 때, 우리 안에는 상처받은 마음, 외면당했다는 느낌, 이해받지 못한 외로움 등의 감정이 함께 올라옵니다. 하지만 이런 감정은 드러내기 어렵고, 상대에게 말하기도 쉽지 않아 '화를 내는 방식'으로 표현되죠. 그래서 스스로에게 이렇게 물어보는 게 중요합니다.

"나는 지금 정말 화가 난 걸까?"

"아니면, 실은 슬펐던 건 아닐까?"

"무시당했다고 느껴서 서운했던 건 아닐까?"

이 질문을 던지는 순간 감정은 분노라는 단단한 껍질을 벗고 진짜 얼굴을 드러내기 시작합니다. 그 진짜 얼굴은 약하고, 서툴고, 때론 눈물겹도록 솔직한 내 마음이죠. 강한 척을 할수록 진짜 나와는 멀어집니다. 그렇게 멀어진 마음은 결국 더 큰 분노로 돌아오죠. 그러니 때로는 '강한 척'이 아니라 '괜찮지 않다'라고 말해야 합니다.

"지금 화났지만, 실은 속상했어."

"화가 난 건, 나도 나를 잘 모르겠어서 그래."

이런 말들이야말로 분노를 진짜로 다루는 시작입니다. 분노는 결코 '나쁜 감정'이 아닙니다. 그저 마음속에서 "나 좀 봐줘"라고 말하는 작은 아이의 외침일지도 모릅니다. 그 아이를 혼내기보다 살며시 안아줄 때 비로소 분노는 회복의 힘이 됩니다.

센 말은 약한 마음을 숨기기 위한 갑옷

누군가의 말이 너무 거칠게 들릴 때가 있습니다. 별말 아닌데 마음이 콕 하고 찔리고, 농담이라고 했지만 이상하게 불편할 때도 있죠. 그럴 때 우리는 "쟤는 원래 말이 좀 세"라며 넘겨버리지만, 그 말투 뒤에는 늘 무언가가 숨어 있습니다.

상담실에 자주 등장하는 유형이 있습니다. 겉으로는 강하고 당당한 말투를 쓰지만, 속 이야기를 들여다보면 "사실은 제가 늘 무시당하는 느낌이에요", "그래서 먼저 세게 말해야 덜 얕잡아 보일 것 같았어요"라며 속마음을 털어놓는 분들입니다.

센 말이 먼저 나가는 건, 마음을 먼저 들키지 않기 위해서입니다. 들킬까 두려운 감정이 많을수록, 사람은 먼저 말로 벽을 쌓습니다. 센 말의 이면에는 흔히 이런 감정들이 숨어 있습니다. '다시 상처받긴 싫어'라는 방어적 마음, '나를 무시하지 마'라는 과도한 단정, '약한 모습 보이기 싫어'라는 공격적인 유머, '나도 혼란스러워'라는 화난 척, 무심한 척하는 태도 등이죠.

그 사람의 언어가 거칠어질수록 사실은 마음속 균열이 깊다는 증거일 수 있습니다. 감정이 무너질까 두려운 사람이 자기 감정을 감추는 방식으로 '센 말'을 입는 것이죠. 상대에게 상처를 주고 나서 후회한 적이 있지 않나요? 그 순간을 떠올려보면 실은 내가 더 혼란스럽고, 내가 더 불안했으며, 내가 더 지쳐 있었다는 사실을 깨닫게 됩니다. 그 감정들을 말하지 못했기에 더 세고 날카로운 말로 쏟아냈을 뿐입니다.

"나는 지금 왜 이렇게 강한 말을 쓰는 걸까?"

"혹시 약한 나를 감추고 있는 건 아닐까?"

"그 말 대신 어떤 진짜 감정을 말할 수 있을까?"

이런 질문은 스스로를 책망하라는 게 아닙니다. 오히려 센 말 너머에 있는 나를 이해하자는 뜻입니다. 말이 거칠어질수록 마음은 점점 더 외로워집니다. 센 말은 상처를 막는 갑옷 같지만, 결국 그 갑옷은 누구도 내 안에 들어오지 못하게 만드는 벽이 되기도 하니까요. 그 벽을 조금씩 낮춰야 합니다.

센 말 대신, 느린 말.

확신 대신, 솔직한 표현.

이것이 나를 지키는 진짜 힘이 됩니다. 마음이 약하다는 건 우리가 한 명의 인간이라는 증거이며, 사람이라서 생기는 감정의 진실일 뿐입니다. 여린 마음을 센 말로 덮는 대신, 그대로 마주 볼 수 있는 자세가 성숙한 태도입니다.

왜 화가 나는지조차 모를 때

"왜 화가 났는지도 모르겠어요. 정말 괜찮은 줄 알았거든요. 그런데 아내 얼굴을 보자마자 갑자기 폭발해버렸어요."

정훈(가명) 씨는 부부싸움 중에 과도하게 화를 내고 나서도 '도대체 내가 왜 그랬는지' 모르겠다고 했습니다. 평소엔 조용하다가 폭발적으로 화를 냈지요. 사실 정훈 씨는 감정을 잘 느끼지 못하는 편이었습니다. 감정을 오랫동안 잃어버리고 있었던 경우가 많다고나 할까요. 정훈 씨처럼 감정을 억누르는 데 익숙한 사람은 자기 마음을 느끼지 않는 게 편하다고 믿습니다. 감정에 휘둘리지 않으려고 애써 괜찮은 척, 강한 척, 침착한 척을 하죠.

그러다 보니 어느 순간부터는 진짜 자기 감정을 분간하지 못하게 됩니다. '지금 슬픈지, 피곤한지, 짜증 나는지, 그냥 무기력한지' 경계가 사라지고 모든 감정이 뒤엉켜 결국 하나의 모습으로 튀어나옵니다. 바로 분노입니다.

분노는 감정의 쓰레기통이 아닙니다. 그러나 많은 감정이 이해받지 못하고 억눌릴 때, 분노는 마지막 남은 출구가 됩니다. 슬픔, 억울함, 불안, 피로감… 그 모든 걸 표현하지 못한 끝에 폭발처럼 나타나는 감정이 바로 분노인 겁니다. 그래서 때로는 화를 다스리는 방법보다 내가 지금 무슨 감정을 억누르고 있는지 아는 게 더 중요합니다.

내 마음을 모른다는 건, 느낄 시간이 없었다는 뜻일지도 모릅니다. 살아내기 바빴고, 문제를 해결하느라 바빴고, 누군가를 챙기느라 바빴고, 그래서 '내 기분은 나중에' 하고 밀어둔 날들이 쌓였을 뿐입니다. 그렇게 쌓인 감정은 마치 정리되지 않은 창고처럼 작은 자극에도 무너지기 쉽고 예상치 못한 방식으로 감정을 터뜨리기도 하죠. 그럴 땐 이렇게 해보세요.

"지금 내가 느끼는 감정을 한 단어로 말해본다면?"

기쁨, 분노, 슬픔 같은 큰 범주가 아니라 '조금 불편한 느낌', '답답함', '섭섭함'처럼 조금 더 미묘한 감정 언어를 꺼내보는 연습이 도움이 됩니다. 나는 지금 어떤 욕구가 채워지지 않아서 이렇게 반응하는지 생각해보는 거죠. 예를 들면 존중받고 싶은 욕구, 쉬고 싶은 욕구, 이해받고 싶은 욕구, 통제하고 싶은 욕구처럼 감정을 분석하려는 게 아니라, 감정을 듣는 시간을 주는 것입니다.

내 감정을 모르는 건 이상한 일이 아닙니다. 그건 그동안 너무 오래 '다른 사람 기분에 맞춰 살아온 증거'일 수도 있습니다. 내가 어떤 날엔 별일 아닌 일에도 울컥했다면 그건 지금까지 너무 잘 참고 버텨온 내 마음이 이제야 말할 준비가 되었다는 뜻일지도 모릅니다. 화가 났을 때 "왜 이렇게 화가 나지?"보다 "혹시 내가 뭘 말하지 못했을까?", "내가 진짜 바라는 건 뭐였을까?"라고 나에게 묻는 연습이 필요합니다. 그제야 우리는 '나조차 몰랐던 내 마음'을 조금씩 말로 붙잡을 수 있게 됩니다.

4

마음 배터리
확인하기

마음에도 충전이 필요하다

유난히 화가 자주 나는 날이 있습니다. 말 한마디에 상처를 받고, 웃으며 넘길 수 있는 일에도 날이 서고, 마음이 갑자기 거칠어지죠. 그럴 때 우리는 "내가 왜 이러지?" 하고 스스로를 탓하기 시작합니다. 하지만 조금만 다르게 질문해보면 어떨까요?

"내 마음이 지금 얼마나 남아 있지?"

"혹시 방전된 건 아닐까?"

몸이 피곤하면 우리는 쉽게 알아챕니다. 눈이 감기고, 다리가 무겁고, 아무것도 하기 싫은 느낌이 찾아오죠. 그런데 마음이 피곤할 땐 그게 '피곤'이라는 것도 잘 느끼지 못한 채 그저 짜증과 예민함으로 드러납니다. 마음 배터리가 방전될 때 이런 신호들이 나타나요. 작은 일에도 예민해지며 날카로워지고, 집중력이 떨어지고, 사소한 실수가 반복되고, 무기력하거나 지나치게 말이 많아지고, 사람을 피하고 싶어지거나, 지나치게 매달리게 되고, 평소보다 더 냉소적이고 부정적인 말이 늘어나죠. 이 모든 변화는 '성격이 나빠져서'가 아니라 에너지가 고갈되어 나타나는 심리적 탈진 증상입니다.

마음의 방전은 크게 두 가지 이유에서 생깁니다.

첫째, 충전 없이 주는 삶인 경우입니다. 타인을 챙기고, 일을 해내고, 관계를 유지하느라 '나'는 항상 뒷순위로 밀려난 삶입니다.

둘째, 쉬지 못하는 죄책감 때문입니다. 쉬면 불안하고, 가만히 있으면 무가치한 것 같고, 뭔가를 계속하고 있어야 존재가 증명되는 것 같은 마음의 패턴입니다.

이 둘이 반복되면 마음의 여유가 사라지고, 감정은 곧바로 폭발 직전까지 차오릅니다. 마음 배터리를 다시 채우려면 먼저 지금의 상태를 정확히 인식해야 합니다. 내가 지금 기분이 나쁜 이유는 그 사람이 예의 없어서가 아니라, 내가 너무 지쳐서일 수 있다고요. 그리고 나에게 이렇게 묻는 겁니다.

"지금, 뭘 그만하고 싶지?"

"오늘 하루 중 가장 숨 막힌 순간은 언제였지?"

"요즘 내가 나를 챙겨준 적이 있었나?"

이 질문들이 마음의 소진을 되돌아보는 스위치가 됩니다. 우리는 때로 휴식을 게으름처럼 여기고, 혼자 있는 시간을 사치라고 착각합니다. 하지만 분노를 잘 다루려면, 먼저 나 자신에게 '충분히 괜찮은 사람'이 되어줘야 합니다. 충전되지 않은 배터리는 자신도, 다른 누구도 오래도록 연결해줄 수 없습니다.

"왜 이렇게 사소한 일에 화가 나지?"

그 질문이 다시 떠오른다면 한 걸음 물러서서 이렇게 말해보세요.

"내가 지금 지쳤구나."

"그래서 감정도 같이 힘들었구나."

"조금만 쉬어도 괜찮아."

이렇게 말해주는 순간, 우리 마음의 배터리는 다시 조금씩 깨어날 테니까요.

에너지 고갈이 만든 마음의 오해

우리의 감정은 연료가 있어야 움직입니다. 신체가 잠을 자야 회복되듯, 마음도 '정서적 충전'이 필요하죠. 그런데 대부분의 사람은 몸이 피곤하면 휴식을 선택하면서도 마음이 지쳤을 땐 오히려 자신을 몰아붙입니다.

"기분이 왜 그래?"

"화낼 일도 아닌데 왜 이래?"

"내가 예민해서 그래. 고쳐야 해."

이렇게 말하며 감정을 억누르고, 억누른 감정은 또다시 몸과 마음의 에너지를 더 빠르게 소모시킵니다. 감정을 잘 다스리는 법보다, 잘 쉬는 법부터 배워야 하는 이유죠. 감정과 에너지가 뒤엉키면 다음과 같은 오해가 자주 일어납니다. 피곤해서 기운 없으면 '나는 아무 의욕도 없는 사람인가?'라고, 감정이 안 따라주면 '내가 너무 이상한가 봐'라고, 일상이 힘들면 '난 왜 이렇게 나약하지?'라고 자신을 몰아붙이고 자책하죠.

이런 해석은 모두 사실이 아니라, 고갈된 에너지가 만들어낸 감정의 왜곡입니다. 우울도, 짜증도, 무기력도 때로는 단순히 '충전 부족'의 다른 표현일 뿐입니다. 에너지 고갈을 감정 문제로 착각하면 회복은 더 어려워집니다. 감정을 고쳐야 한다는 부담은 이미 지쳐 있는 나에게 또 하나의 자기비판과 스트레스를 더하기 때문이죠. 그러니 이럴 땐 반대로 이렇게 말해보면 어떨까요?

"지금 내가 화가 나는 건, 감정을 다스리지 못해서가 아니라 회복하지 못한 지침이 쌓였기 때문이야."

이 한마디만으로도 감정을 이해하는 시선은 훨씬 너그러워집니다. 그래서 꼭 필요한 질문은 이것입니다.

"나는 요즘, 나를 얼마나 돌보고 있나?"

감정을 분석하기 전에 에너지 상태를 먼저 체크해보는 겁니다. 충분히 쉬었는지, 좋아하는 일을 하고 있는지, 누구에게 기대고 있는지, 나만의 속도를 지키고 있는지요. 감정은 그 자체보다 그 감정이 나온 '컨디션'을 같이 살펴야 합니다. 몸이 탈진했을 때는 아무리 좋은 운동도 독이 되듯, 지친 상태에서는 아무리 건강한 감정 조절법도 먹히지 않으니까요.

지금 당신이 느끼는 감정은 그 자체가 문제가 아닐 수도 있습니다. 그 감정을 지탱할 에너지가 너무 오랫동안 바닥난 채 방치되어 있었기 때문이죠. 그러니 이제는 감정을 다그치기보다 이렇게 말해주세요. 오해에서 회복으로 나아갈 수 있도록요.

"네가 잘못된 게 아니야. 지금은 그냥 지친 거야."

내 감정 사용 설명서 만들기

화를 잘 다스리는 사람이 따로 있는 걸까요? 타고난 성격이 유순해서 화가 잘 안 나는 사람, 마음이 넓어서 작은 일에 흔들리지 않는 사람, 그런 사람들은 애초에 분노를 느끼지 않는 걸까요?

그렇지 않습니다. 모두가 화를 느낍니다. 다만 어떤 사람은 화를 다루는 방식이 조금 다를 뿐입니다. 그 차이는 감정의 강도가 아니라, 감정과의 친숙도에서 시작됩니다.

마음이 회복될수록 분노는 작아집니다. 정확히 말하면 분노가 줄어드는 게 아니라 더 이상 터뜨릴 필요가 없어지는 것에 가깝습니다. 감정을 억누르지 않아도 되고, 감정이 올라와도 나를 압도하지 않는 상태가 되는 것이죠. 그 상태에 이르기 위해선 먼저 '나의 감정이 어떻게 작동하는지' 이해해야 합니다. 감정 사용 설명서를 만들면 도움이 됩니다.

감정은 누구에게나 다르게 작동합니다. 같은 일이 벌어져도 어떤 사람은 웃고, 어떤 사람은 눈물을 흘리며, 또 어떤 사람은 속으로 화를 삭입니다. 그 차이를 이해하기 위해 '나만의 감정 설명서'를 만들어보는 겁니다. 단순한 감정 일기나 회고가 아닙니다. 감정이 작동하는 나의 고유한 패턴을 정리한 매뉴얼입니다.

다음과 같은 '감정 사용 설명서'(210쪽)의 네 단계를 반복하다 보면 '화날 일'을 줄이는 게 아니라, '화났을 때 나를 회복하는 방식'을 구체화할 수 있습니다. 회복은 말처럼 쉽지 않습니다. 하지만 감정 사용 설명서를 만들면 자신을 자책하는 대신 깊이 이해하게 됩니다. '또 화냈어!'라고 자기 비난에 빠지기보다 '아, 그 상황은 내 취약점이었지'라고 인정하게 되죠. 막연한 정서적 폭발이 줄고 '이럴 땐 내가 예민해질 수 있겠다'라는 사전 경고등이 켜집니다. 감정의 회복 속

감정 사용 설명서

1단계: 감정이 올라온 순간을 기록하기

- 언제, 어떤 상황에서 화가 났는가?
- 누가, 어떤 말이나 행동을 했는가?

2단계: 감정의 정체를 묻기

- 그때 정말 화가 난 게 맞는가?
- 억울함, 불안, 피로였는가?
- '화'는 다른 감정이 바뀐 얼굴이었는가?

3단계: 감정의 패턴을 정리하기

- 반복해서 화가 나는 상황이 있는가?
- 나는 어떤 말이나 태도에 유독 민감하게 반응하는가?

4단계: 회복 전략을 적어보기

- 그런 감정이 올라왔을 때, 가장 효과적인 대처는 무엇이었나?
- 시간이 필요할까, 거리두기가 필요할까, 대화가 필요할까?

도가 빨라집니다. 한번 무너져도, 훨씬 빠르게 중심을 회복할 수 있습니다. 내 감정의 사용법을 알고 있기 때문이죠.

화는 나쁘지 않습니다. 그건 그냥 내가 어떤 욕구를 충분히 채우지 못했다는 몸과 마음의 신호일 뿐입니다. 화를 줄이려 하지 마세요. 나를 더 잘 이해하려고 하세요. 그렇게 나를 이해하기 시작하면 분노는 더 이상 폭발이 아니라 하나의 이해 가능한 감정 반응이 됩니다. 그리고 그 감정을 다룰 수 있을 때 비로소 내 마음은 외부 자극보다 내 안의 질서에 따라 움직이게 됩니다.

5

우리에게
분노가 필요한 이유

화를 내야 할 때는 낼 줄 아는 사람이 되자

"화를 내면 지는 거야."

"분노는 컨트롤 못 하는 미성숙한 감정이지."

"감정에 휘둘리는 사람은 약한 사람 아니야?"

이런 말들을 자주 들어온 사람일수록 화를 내는 순간 스스로를 깎아내리기 쉽습니다. 마음속에서는 분명 뭔가 부당하다는 신호가 울리는데 그걸 표현하는 대신, '참자, 참아야 돼'라는 주문으로 덮어버리죠. 하지만 무조건 참는 것은 끓는 물에 뚜껑을 눌러놓는 것과 같습니다. 언젠가 증기는 새어 나오고, 마침내는 감정이 엉뚱한 방식으로 폭발하게 됩니다.

화를 내는 건 나쁜 게 아닙니다. 중요한 건, 화를 어떻게 내느냐, 언제 내느냐, 그리고 왜 내느냐입니다. 심리학자 허버트 해리 스택 설리번Herbert Harry Stack Sullivan은 "모든 감정은 관계를 지키기 위한 노력의 일환이다"라고 말했습니다. 화를 내는 것도 마찬가지입니다. 그 감정은 단절을 원해서가 아니라, 내가 지키고 싶은 것을 지키기 위해서 나타납니다. 그게 자존심일 수도 있고, 신뢰일 수도 있고, 혹은 아주 사소한 일상 속의 질서일 수도 있죠.

화를 낼 줄 아는 사람은 단지 감정에 솔직한 사람이 아닙니다. 그들은 자신이 무엇을 중요하게 여기는지 감정을 통해 감지하고 표현할 줄 아는 사람입니다. 누군가 무례한 말을 했을 때 "이건 나에게 상처가 된다"라고 말할 수 있는 사람, 반복적으로 나를 무시하는 태도에 "그건 존중이 아니에요"라고 경계를 그을 수 있는 사람, 속상하고 억울할 때 "지금 나 화났어요"라고 말할 수 있는 사람, 그들은 '화를 낸다'기보다는 자기 자신을 설명할 수 있는 용기를 가진 사람이에요.

화를 못 내는 사람은 종종 관계를 지키는 데 더 유리하다고 생각하지만, 사실은 그 반대일 때가 많습니다. 감정을 누르고 참고 지낸 끝에 어느 날 갑자기 폭발하거나, 관계가 조용히 멀어지게 되는 거죠. 오히려 적절한 순간에 자신의 분노를 솔직하고 단호하게 표현하는 사람은 관계를 더 오래, 더 건강하게 유지할 수 있습니다. 왜냐하면 그들은 상대에게 "여기까지는 괜찮지만, 이 선은 넘어선 안 돼요"라고 알려줄 수 있으니까요.

화를 내는 게 두려운 사람은 자신이 나쁜 사람이 될까 봐 겁이 납니다. 하지만 그 화는 당신이 지금 지키고 싶은 무언가를 이미 알고 있다는 증거입니다. 그러니 이제 화를 억누르는 대신, 이렇게 말하는 연습을 해보세요.

"그 말에 마음이 상했어요."

"그 행동은 나를 존중하지 않는 느낌이었어요."

화를 내지 않는 사람이 멋진 게 아닙니다. 오히려 건강하게 화를 낼 줄 아는 사람이 성숙한 것이죠. 분노는 나를 지키기 위해 찾아온 감정입니다. 우리는 스스로를 해치지 않으면서 타인과의 거리를 건강하게 조절할 수 있습니다. 조금씩, 말로, 연습으로 말입니다.

무기력은 분노가 숨은 자리에서 자란다

"그냥 아무 생각도 안 나요. 뭐가 좋은지도 싫은지도 모르겠어요. 화내는 것도 귀찮아요."

이런 말을 하는 은호(가명) 씨의 얼굴에는 분노가 아니라 무표정이 깃들어 있었습니다. 표현되는 감정이 없다는 건 감정이 사라졌다는 뜻이 아닙니다. 느끼기를 멈춘 것이죠. 그건 단순한 침묵이 아니라, 내면의 기능이 서서히 꺼지고 있다는 신호일 수 있습니다.

은호 씨는 노조 활동을 하다가 퇴직하게 되었습니다. 분노에 찬 날들이었지만 부당한 환경에 목소리를 높이는 일은 은호 씨가 꼭 해야 할 일이라고 여겼죠. 노조에서 주장한 협의가 이뤄지지 않게 되자, 은호 씨는 퇴사를 결정했습니다. 그리고 몇 달 후, 지독한 무기력이 찾아왔습니다.

분노는 때때로 삶의 에너지가 됩니다. 왜냐하면 분노는 내가 아직 기대하고 있다는 뜻이고, 아직 실망할 만큼 마음을 두고 있다는 뜻이기 때문입니다. 그런데 그 감정을 반복적으로 눌러두면 뇌는 결국 이렇게 학습합니다.

'느껴봤자 다친다.'

‘표현해봤자 돌아오는 게 없다.’

‘기대하지 마. 그냥 무덤덤해져.’

이것이 무감각의 시작입니다. 분노가 나를 지키는 감정이라면, 무기력은 나를 놓아버리는 감정입니다. 정서적 마비 상태가 되는 것이죠. 외부의 상처로부터 나를 보호하려는 심리적 방어기제의 하나이지만, 이 상태가 오래 지속되면 자존감, 인간관계, 삶의 의미까지 함께 메말라갑니다. 무기력의 정체는 감정을 너무 오래 억눌러온 결과입니다.

사람은 감정을 느끼며 살아야 방향을 잡을 수 있습니다. 슬픔은 우리에게 ‘지금은 손을 놓아야 할 시간이에요’라고 말해줍니다. 분노는 ‘지금 이건 지켜야 해요’라고 알려주죠. 기쁨은 ‘이쪽이 당신이 원하는 길이에요’라고 가르쳐줍니다. 이렇듯 감정은 삶의 방향을 가리키는 내면의 나침반입니다. 그걸 꺼버리면 우리는 길을 잃습니다. 그리고 길을 잃은 채 무기력한 하루하루를 반복하게 됩니다.

분노를 ‘위험한 감정’이라고만 여기면 이 감정이 보내는 신호를 해석하지 못하고 억누르기만 하게 됩니다. 그 결과 내 안의 동기, 욕구, 열망마저 함께 눌러버리는 거죠. 화가 난다는 건 아직 내 안에 살아 있는 에너지가 있다는 증거입니다. 그 에너지를 폭발이 아니라 이해와 회복의 방향으로 돌린다면, 분노는 삶을 밀어주는 동력이 될 수도 있습니다.

요즘 무엇에도 화가 나지 않는다면 너무 지쳐서인지도 모릅니다. 감정이 사라진 게 아니라, 꺼내지 않게 된 건 아닐까요? 감정이 다시 흐르면 삶도 다시 움직이기 시작합니다. 지금 필요한 건, 감정을 없애는 기술이 아니라 감정을 다시 느낄 용기입니다.

분노가 말해주는 내 마음의 진심

화가 난 순간을 곱씹어보면, 꼭 화만 난 것은 아닙니다. 속상했고, 서운했고, 뭔가 억울했습니다. 때로는 눈물이 날 만큼 외로웠고, 어떻게든 설명하고 싶은 마음이 있었습니다. 하지만 우리는 가장 강하고 빠른 감정인 '화'를 꺼내죠. 분노보다 더 깊고 미묘한 감정들이 먼저 있었는데도 말입니다. 사랑받고 싶었는데 무시당했을 때, 존중받고 싶었는데 자꾸 건드려질 때, 위로받고 싶었는데 도리어 책임을 떠맡을 때 우리는 말합니다.

"아, 진짜 열 받아."

하지만 실제로는 마음속에서 이렇게 울고 있었을지도 몰라요.

"나는 지금 너무 외로워."

이처럼 분노는 종종 감정의 탈을 쓴 외침입니다. 그 외침을 듣지 못하면 우리는 계속해서 겉으로 드러난 분노만을 다루게 됩니다. 그건 마치 체온이 높다고 해열제만 먹고, 정작 감염의 원인은 방치하는 것과 같죠. 화가 날 때 그 감정을 무작정 억누르거나 터뜨리는 대신 무엇이 좌절되어서인지 자신에게 물어보세요. 인정받고 싶어 한 마음이 좌절되었는지, 상처받고도 말하지 못한 감정이 쌓였는지 말입니다. 분노를 없애기 위해서가 아니라 분노 아래 있는 마음을 찾아보기 위해서요. 상담 현장에서도 분노 밑에 숨어 있는 감정을 알아채는 순간, 많은 분이 이렇게 말합니다.

"사실, 저 속상했어요."

"그때 정말 저한테 너무한 거 같았어요."

"진짜 화가 난 게 아니었어요. 그냥 저를 좀 알아달라는 마음이었어요."

그 고백이 나오면 감정은 단단한 분노에서 부드러운 마음으로 바뀝니다. 그리고 비로소 상대에게도 나 자신에게도 말이 닿을 수 있는 상태가 됩니다. 화는 불편한 감정입니다. 하지만 그 불편함을 들여다보면, 그 안엔 나의 욕구, 결핍, 아픔이 들어 있습니다. 그러니 화를 감정의 쓰레기처럼 밀어내지 마세요. 분노는 내가 나를 설명하는 방식 중 하나니까요.

우리가 분노를 이해하고 돌보더라도 그 뜨거운 감정은 여전히 삶의 한가운데에서 우리를 기다리고 있겠지요. 하지만 괜찮습니다. 우리는 예전보다 분노에 덜 휘둘리며, 분노를 통해 자신을 더 깊이 이해하고 돌보는 사람이 되었을 테니까요. 그렇게 우리는 조금 더 성장해서 단단하고 평온한 마음의 중심으로 나아갈 겁니다.

♠ 오늘 나는 내 안의 분노를 어떻게 달래주었나요?

____

____

____

____

♠ 나에게 해주고 싶은 다정한 말 한마디는 무엇인가요?

____

____

____

____

♠ 내 화를 더 잘 돌보려면 무엇이 필요한가요?

____

____

____

____

화가 나는 나에게,
고맙다고 말할 수 있기를

한때 나는 화를 부끄러워했습니다. 화를 낸 나를 탓했고, 화를 참지 못한 나를 미워했고, 화를 내고 난 후엔 혼자 조용히 마음을 씻어내느라 애썼죠. 화는 언제나 내게 '문제적 감정'이었습니다. 화를 내면 사람이 작아 보이는 것 같고, 감정을 다스리지 못하는 사람처럼 느껴졌으니까요. 그래서 가능한 한 웃으려고 했고, 좋은 사람처럼 행동하려 애썼습니다. 하지만 웃는 얼굴 뒤에서 나는 늘 무언가를 억누르고 있었습니다. 지금 돌아보면, 그 억눌린 감정의 이름이 '화'였습니다. 그 화는 그저 날카로운 감정이 아니라, 내가 어떤 것을 지키고 싶어 했는지 알려주는 소중한 신호였습니다.

화를 낸다는 건 미성숙해서가 아니라, 아직 마음이 살아 있기 때문이었습니다. 무력한 사람이 아니라, 자기 마음을 돌보려는 사람이었던 거죠. 어느 날, 화가 난 나를 다시 떠올렸습니다. 문을 쾅 닫고 나오던 날의 나, 핸드폰을 내려놓고 울먹이던 나, 왜 아무도 내 맘을 몰라주냐며 혼잣말을 중얼거리던 나. 그 모든 순간이 떠올랐을 때 그때의 나에게 이렇게 말하고 싶었습니다.

"고마워. 그때 그렇게라도 화내줘서."

그렇게 말할 수 있게 되니, 비로소 나는 나 자신과 조금 더 가까워진 느낌이었습니다. 분노는 늘 내 편이었는데, 나는 그 감정을 부끄러워하며 자꾸만 등을 돌리고 있었던 거죠. 이 책을 쓰는 동안, 수없이 내 마음을 들여다봤습니다. 사소한 일에 발끈하던 순간들, 작은 말투에 마음이 상하던 기억들, 침묵했지만 여전히 마음 한켠이 쿡쿡 쑤시던 날들. 그 기억 속에 있던 나를 미워하는 대신 그저 바라봐주기로 했습니다.

"그만큼 힘들었구나. 그렇게밖에 표현할 수 없었구나."

그렇게 말해주니, 마음도 조금씩 가라앉았습니다. 그리고 알게 됐습니다. 화를 다스리는 법은, 나를 미워하지 않는 법과 연결되어 있다는 것을요. 내가 느낀 감정이 나를 망치는 게 아니라, 나를 돌보는 방향으로 이끌어준다는 것을요.

지금 이 글을 읽고 있는 당신에게도 사라지지 않는 분노가 있을지 모릅니다. 누군가의 말 한마디, 잊히지 않는 상처, 반복되는 후회, 아무에게도 말하지 못한 외로움. 그 모든 감정이 결코 나쁜 게 아닙니다. 당신 안에 여전히 살아 있는 '나'가 조용히 말을 걸고 있는 것이죠. 속마음을 알아달라는 그 작은 외침에, 이렇게 대답해줄 수 있기를 바랍니다.

"알겠어. 그때 그렇게 화낸 건, 내가 나를 더 잘 이해하고 싶었기 때문이야. 덕분에 내 마음을 조금 더 깊이 들여다보게 되었어. 정말 고마워."

그래서 심리학

나는 왜 사소한 일에 화가 날까?

1판 1쇄 발행일   2026년 1월 30일

지은이　　　인현진

편 집　　　이효선
표지디자인　　STUDIO 보글
본문디자인　　새와나무
펴낸곳　　　독개비출판사
펴낸이　　　박선정, 이은정
출판등록　　제 2021-000006호
주 소　　　경기도 고양시 덕양구 능곡로13번길 16, 208-1805
팩 스　　　0504-400-6875
이메일　　　dkbook2021@gmail.com

ISBN　　　979-11-991863-1-6　03180

© 인현진

이 도서는 2025년 문화체육관광부의 '중소출판사 성장부문 제작지원' 사업의 지원을 받아 제작되었습니다.